HORS PARIS

BORDEAUX

IMPRIMERIE CENTRALE A. DE LANEFRANQUE

23-25, rue Permentade, 23-25

HORS PARIS

PAR

ÉMILE DE GIRARDIN

BORDEAUX

IMPRIMERIE CENTRALE A. DE LANEFRANQUE

23-25, rue Permentade, 23-25

—

1870

INTRODUCTION

Le 8 septembre, les journaux avaient annoncé que dans la prévision de l'envahissement imminent de Paris, le Gouvernement de la défense nationale avait pris la résolution de déléguer plusieurs de ses membres qui iraient résider à Tours, afin de pourvoir aux impérieuses nécessités de la défense et de l'administration des départements non encore envahis.

La Révolution du 4 septembre ayant trouvé aux mains du général Trochu le gouvernement de Paris et le commandement en chef de l'armée de Paris, les lui ayant maintenus, et de plus lui ayant décerné la présidence du « Gouvernement de la défense nationale » ce que prescrivait le bon sens, ce que prescrivait la logique, — ce Gouvernement ayant reconnu la nécessité de se dédoubler afin de conserver sa liberté et sa puissance d'action, — c'était que le Ministre des affaires étrangères, M. Jules Favre, accompagnât les membres du corps diplomatique afin de rester libre de communiquer journellement avec eux; c'était que le Ministre de l'intérieur, M. Léon Gambetta, suivît son collègue afin de rester également libre de correspondre journellement avec tous les préfets de France; c'était que le Ministre des finances, M. Ernest Picard, partît afin de pouvoir prendre toutes les mesures fiscales et financières que nécessiterait l'armement de la nation appelée à dégager à tout prix et sans aucun retard Strasbourg et Metz investis, et Paris à la veille de l'être; c'était enfin que le Ministre de la guerre, M. le général Leflô ne s'emprisonnât pas à Paris, où il n'avait absolument rien à faire, tandis que hors de Paris il avait absolument tout à faire, tout à réformer, tout à organiser.

Aussi, qu'elles ne furent pas la stupeur et l'anxiété de tous les gens sensés, le jour où ils virent que M. Jules Favre laissait passer le corps diplômatique sans partir avec lui; le jour où ils virent que M. Léon Gambetta, au lieu de se rendre à Tours restait à Paris, où il serait sans action possible sur les départements, sur Lyon, sur Marseille, etc.; le jour surtout où ils virent que le Ministre de la guerre, que le Ministre de la défense nationale, que le Ministre de la délivrance de Strasbourg, de Metz, de Paris, que le Ministre de l'expulsion de l'envahisseur, que le Ministre de la défaite et de la capitulation de Sedan à venger et à réparer, que le Ministre de la victoire à organiser et de la revanche à prendre sur le général de Moltke, sur le général ministre de Roon, sur le prince Frédéric-Charles, sur le prince héritier Frédéric, et enfin sur le roi de Prusse, Guillaume Ier, était délégué..... à M. Crémieux, garde des sceaux, chargé conjointement avec M. Glais-Bizoin, d'aller constituer hors de Paris la défense nationale!

Ce jour là, il ne fut pas nécessaire d'être doué d'une bien grande perspicacité pour craindre que s'étant ainsi dérisoirement délégué en la personne de deux septuagénaires, l'un ayant plaidé toute sa vie, l'autre n'ayant jamais fait qu'interrompre les Ministres à la tribune, le gouvernement de la défense nationale ne fût le gouvernement de la défaite nationale.

La logique ne transige pas. Ce n'est jamais impunément qu'on la sacrifie aux considérations, ce tombeau de toutes les grandes et suprêmes résolutions.

La considération qui retint à Paris MM. Jules Favre, Léon Gambetta et Ernest Picard, fut la crainte qu'en leur absence un second 15 mai, un second 25 juin 1848 éclatât à Paris; l'irréparable faute qu'ils commirent en ne partant pas n'a point empêché d'avoir lieu le 31 octobre, cette journée qui était fatale; elle a été retardée, elle n'a pas été évitée, elle ne pouvait pas l'être. Si dès le soir du 4 septembre ou au plus tard dès le lendemain elle eût été résolument affrontée par la remise en vigueur de la Constitution du 4 novembre 1848, ainsi que je l'avais conseillée, l'élection, au premier dimanche suivant, du président de la République et la nomination, au second dimanche suivant, de l'Assemblée législative appelée à succéder à celle qui avait été inconstitutionnellement dissoute le 2 décembre 1851, Strasbourg et Metz eussent été secourus à temps! La douleur d'une capitulation leur eût été épargnée! Peut-être même l'envahisseur eût-il déjà cessé d'occuper le sol français, soit qu'une victoire décisive l'eût rejeté au delà de nos frontières, soit qu'un traité de paix dont le prix eût été porté au débit du compte de l'Empire, fut intervenu dans des termes qui eussent permis de le signer !

Pendant les trois douloureuses journées des 5, 6 et 7 septembre, ma plume étant la seule arme dont je susse me servir, je m'étais anxieusement posé cette question : — Que pourrais-je faire pour aider à la défense de Paris qui va être investi? Ne doutant pas, ne pouvant pas douter que la défense nationale hors Paris allait s'organiser avec la plus grande vigueur, que les mesures réparatrices et vengeresses les plus efficaces allaient être prises sans aucune perte de temps, l'inspiration me vînt de concourir en toute indépendance à cette œuvre de salut public en allant faire paraître hors Paris un journal qui serait intitulé la *Défense nationale*.

Aussitôt que cette inspiration me fût venue je m'empressai d'aller la communiquer le jeudi matin

8 septembre, au président du Gouvernement, M. le général Trochu qui la trouva juste, et le lendemain vendredi 9 septembre au Ministre de l'intérieur, M. Léon Gambetta qui trouva également que ma plume mise au service de la défense de Paris lui serait plus utile hors de ses murs que dans ses murs.

Il avait été arrêté que la délégation du Gouvernement de la défense nationale se rendrait à Tours; il me parût que je serais en apparence moins indépendant, conséquemment moins utile à Tours qu'à Limoges, ville limitrophe du département de la Creuse que j'avais représenté de 1834 à 1848; ce fut la raison qui me fit opter pour Limoges, où je m'acheminai le samedi matin 10 septembre, avec mes instruments de travail, c'est-à-dire avec une grande malle au fond de laquelle étaient vingt-cinq volumes et mes notes. Malheureuse malle! car, arrivé à la gare d'Orléans, il me fut impossible d'obtenir qu'elle partît avec moi; je ne pus même pas obtenir qu'elle fut enregistrée aux bagages. Déjà l'on n'enregistrait plus. Ce ne fût que quatre jours après, le mercredi soir, 14 septembre, qu'elle me rejoignit enfin à Limoges, où je l'attendais impatiemment pour revenir à Paris.

Pourquoi étant venu de Paris à Limoges, je voulus revenir de Limoges à Paris, c'est ce qu'expliqueront les lettres dont la réimpression textuelle va suivre :

I.

Le samedi 10 septembre 1870.

A M. Détroyat, rédacteur en chef de la LIBERTÉ

« Mon cher successeur et ami,

» A mon âge et avec ma vue basse, je serais à Paris assiégé, j'ai dû le reconnaître, une bouche et un fusil inutiles.

» Hors Paris mais en France, où je vais tenter de fonder un journal intitulé la *Défense nationale*, qui cessera de paraître le jour où Paris cessera d'être cerné par l'invasion prussienne, peut-être mon expérience et ma plume pourront-elles servir à stimuler les départements, à les coaliser et à leur indiquer ce qu'il y aura de plus efficace à entreprendre pour dégager la capitale ! C'est à cet espoir que je cède, en m'éloignant. Je vais chercher la ville, le plus au centre de la circonférence non envahie, où je trouverai le plus facilement le matériel d'impression nécessaire.

» Si vous le désirez, la *Défense nationale* pourra être adressée à ceux de vos abonnés à qui vous ne pourrez plus faire parvenir la *Liberté*.

» Tout à vous,

» EMILE DE GIRARDIN. »

II

Limoges, boulevard Sainte-Catherine, 25.
Le dimanche 11 septembre 1870.

A M. Emile Madoulé, rédacteur en chef de la DÉFENSE NATIONALE.

» Monsieur,

» J'avais quitté Paris hier et j'étais venu à Limoges avec l'intention d'y faire paraître temporairement un journal ayant pour titre et pour programme la *Défense nationale*, ainsi que vous le verrez par le numéro de la *Liberté* que je joins à cette lettre.

» J'apprends en arrivant que la même pensée vous a suggéré le même titre, et que depuis trois jours vous avez fondé un journal publié à Limoges et se nommant la *Défense nationale*.

» Il ne me reste plus qu'à m'effacer devant la priorité qui vous appartient, et qu'à souhaiter que le succès couronne vos efforts

» Recevez-en la sincère assurance.

» EMILE DE GIRARDIN. (1) »

III

» Limoges, le 15 septembre 1870

A M. Emile Madoulé, rédacteur en chef de la DÉFENSE NATIONALE.

« Monsieur,

« Je reçois à Tours le n° 7 de la *Défense nationale*, dans lequel je lis que la réunion publique tenu rue Palvezy a protesté « éner-

(1) La *Défense nationale* en insérant la lettre ci-dessus l'accompagna des réflexions ci-dessous :

Après avoir remercié cordialement M. Emile de Girardin du confraternel souhait de prospérité qu'il adresse à notre journal, nous nous félicitons de nous être rencontré avec lui, pour la fondation de cette œuvre, dans une commune pensée de patriotisme.

Peut-être l'éminent, publiciste, regrettant de sacrifier entièrement une résolution devancée, et toujours entraîné par ce sentiment impérieux de salut qui inspire, à cette heure, les actes de la France entière, plutôt que séduit par l'humilité de notre format, voudrait-il honorer la *Défense Nationale* de sa collaboration.

Dans ce cas, notre journal devrait au nom, à la réputation et à la compétence irrécusable de l'illustre écrivain un véritable succès de lecture.

Mais M. de Girardin nous approuvera certainement de faire nos réserves les plus expresses au sujet de notre ligne politique. Nous la mettrons toujours sous la sauvegarde de la foi républicaine et de la fermeté inébranlable qui, à défaut de talent, ont été jusqu'à aujourd'hui nos seuls titres à l'estime de la démocratie limousine.

ÉMILE MADOULÉ.

giquement contre ma présence à Limoges », (A) où, encouragé par le président du Gouvernement de la défense nationale, le général Trochu, et par le ministre de l'intérieur, M. Gambetta, j'étais venu pour publier un journal qui servit à relier en faisceau les quarante départements dont Limoges est le centre, dans cette pensée commune : — Dégager Paris cerné, en organisant hors de ses murs et loin de ses murs une force nationale dont l'objectif soit d'attaquer l'armée de siége aux points par lesquels entrent, d'Allemagne en France, les levées d'hommes et les munitions de la Prusse, c'est-à dire sur la ligne de Saint-Avold à Haguenau ; de boucher l'étroit goulot de cette immense et inépuisable bouteille ; de secourir, s'il en est temps encore, le maréchal Bazaine, qu'il serait si important de délivrer ; enfin, d'inquiéter l'armée prussienne sur ses derrières en n'épargnant pour la couper dans sa racine, pour la tarir dans sa source, aucun effort, aucun sacrifice.

» Protester contre ma présence à Limoges, ce n'est pas seulement protester contre cette pensée inspirée par le patriotisme le plus vigilant et qui, si elle eût réussi, eût fait de Limoges le centre de la défense nationale; c'est aussi protester contre la liberté que, plus que qui que ce soit peut-être en France, j'ai l'honneur de personnifier, car publiciste, député, représentant du peuple, il n'est pas une seule liberté qui attaquée, ne m'ait toujours eu pour défenseur à la tribune et dans la presse, pas un acte d'arbitraire commis sous la monarchie de 1830, sous la République de 1848, sous l'empire de 1852, que j'aie jamais approuvé, ainsi que l'attestent ma citation devant la Chambre des pairs en juin 1847, mon arrestation sans jugement en juin 1848, et enfin ma condamnation à 12,000 fr. d'amende le 16 mars 1867 pour un article contre les fautes commises en 1866, article intitulé : *Des destinées meilleures* (B).

» Je pars; le cœur navré... toujours l'intolérance jamais la liberté.

» ÉMILE DE GIRARDIN. »

(A) Voir à l'*Appendice*.

(B) Voir à l'*Appendice*.

IV.

Tours, le 10 octobre 1870.

A M. Émile Madoulé, rédacteur en chef de la DÉFENSE NATIONALE.

« Monsieur,

» A moins qu'il n'en soit du droit de réponse comme du suffrage universel, à moins que lui aussi n'existe que pour être violé, tout journal qui m'attaque me sert, car j'ai tout à gagner à la publicité d'un débat sur ma personne et mes opinions.

» Un de mes amis m'envoie à Tours votre numéro du 4 octobre où se trouve un article qui porte en grosses lettres ce titre :

LA TRAHISON DE M. ÉMILE DE GIRARDIN.

» Comment, Monsieur, avez-vous pu écrire, signer et donner place dans votre journal à un pareil article où débordent l'irréflexion, l'injure, la menace, la dénonciation?

» Je suis arrivé le 10 septembre à Limoges d'où je suis parti le 15. Vous êtes venu me voir amicalement. M'y avez vous vu occupé de rien qui ressemblât à la convocation, à Limoges, du Sénat et du Corps législatif? Au lieu d'accueillir et de prendre au sérieux l'article grotesque du journal la *Situation*, que publie à Londres le sieur Hugelman, en compromettant le nom de M. Rouher, est-ce que l'impartialité ne vous imposait pas le devoir de le contredire, puisque vous aviez pu vous convaincre par vos propres yeux, que cet article était une imposture? J'avais droit à cette impartialité, car toutes les fois qu'ils ont été injustement attaqués ou arbitrairement poursuivis, les républicains ont toujours trouvé, ouvertes à leur défense, les colonnes des deux journaux que j'ai dirigés : la *Presse* et la *Liberté*. Ainsi, pour ne citer qu'une seule preuve, la plus récente, le 12 janvier dernier, lorsque l'autorisation de poursuivre M. Rochefort a été demandée au Corps législatif par le ministère du 2 janvier, ai-je hésité entre mes amis et mes principes? Lesquels ai-je reniés?

» J'ai déjà fait justice dans la *Liberté,* de l'absurde invention du sieur Hugelman, inventant tout ce qui lui parait de nature à donner du retentissement à son nouveau journal, si le nom de journal peut être donné à cette peau de tambour; je n'y insisterai donc pas, mais ce sur quoi j'insisterai, c'est sur la fausseté du titre de votre article, car tout votre article est dans son titre.

» Dans toute ma vie de publiciste, de député, de représentant du peuple, je n'ai jamais été le serviteur, le soldat que d'une seule cause, celle de la liberté. L'ai-je jamais trahie? Je porte à tous les républicains qui l'ont si souvent sacrifiée après s'être, en son nom, emparés du pouvoir, le défi de citer une seule circonstance, une seule, où je l'aie jamais subordonnée à aucune considération transitoire, à aucune prétendue nécessité.

» Pour trahir un parti, il faudrait appartenir à un parti. A quel parti ai-je jamais appartenu? Libre-penseur politique, j'ai rendu successivement des services à tous les partis, au pouvoir et hors du pouvoir; tous, sans exception, ont été mes obligés; je ne suis l'obligé d'aucun. Il n'en est pas un seul qui puisse dire que je lui aie jamais rien demandé, même des remercîments. J'ai donc conservé à l'égard de tous la plénitude de l'indépendance, sans laquelle l'impartialité du juge ou du juré ne saurait exister, au risque de voir qualifier de versatilité cette indépendance trop rare pour être communément comprise.

» Si j'ai gardé le silence sur la façon dont a été déchirée, le 4 septembre, la Constitution du 8 mai, qui venait d'être votée par sept millions de voix, sans qu'aujourd'hui, 10 octobre, le suffrage universel ait encore été appelé à se prononcer sur l'acte du 4 septembre, soit pour l'absoudre, soit pour le condamner, ce n'est pas, sachez-le, que les bonnes raisons m'aient manqué; mais c'est qu'il m'a paru que ce n'était pas l'heure de récriminer quand il n'y avait pas une minute à perdre pour organiser la défense nationale, afin de chasser l'envahisseur du sol envahi, avant qu'il ait achevé de le dévaster.

» *Chasser l'envahisseur!* cette pensée est la seule qui m'occupe, elle m'occupe aussi laborieusement que celui qui s'en occupe le plus, ainsi que de nombreux témoignages écrits sont déjà là pour l'attester.

» Quoique je n'aie fait que ce qu'ont fait les rédacteurs du *Constitutionnel*, de la *France*, du *Français*, de la *Gazette de France*, de la *Liberté*, du *Moniteur universel*, du *Siècle*, de l'*Union*, vous dites que j'ai fui.

» Qu'ai-je fui? Même Paris étant investi, le danger personnel n'y est pas plus grand que dans les autres parties de la France, puisqu'elles sont toutes menacées. Lorsque j'ai quitté Paris, le 10 septembre, pour me rendre à Limoges, ce que « j'ai fui » ce n'est pas le péril, car il me suivait, c'est l'impossibilité où j'eusse été de me servir de la seule arme, ma plume, qui, entre mes mains, pouvait être utile, car j'ai soixante-cinq ans, je ne vois point distinctement à dix pas et, à vingt ans, quand j'ai voulu m'engager comme soldat, la carrière militaire m'a été fermée par le conseil de révision.

» Si je fusse resté à Paris, comment de ma personne eussé-je pu concourir à sa défense? Ne suis-je pas allé au devant de tout ce que je considérais comme l'accomplissement d'un devoir? N'ai-je pas été le *premier* qui se soit inscrit pour dix mille francs en faveur des blessés? Ne me suis-je pas empressé d'envoyer deux de mes chevaux à l'un de mes neveux capitaine d'état-major, à Metz où il est encore? N'ai-je pas converti en ambulance ma maison qui est proche des fortifications? N'ai-je pas mis une autre maison que je venais de faire construire, à la disposition de la Ville, pour y loger une centaine de gardes mobiles? Que pouvais-je et que devais-je faire de plus? L'exemple que je lui avais donné n'a-t-il pas été suivi par mon fils qui commande la compagnie de la garde mobile en avant du fort de Nogent?

» Cependant, n'ayant pu mettre à exécution à Limoges, vous savez pourquoi, le projet qui m'y avait amené, je revenais à Paris, le 16 septembre (c), lorsque l'interruption des communications m'a contraint de renoncer à cette résolution. Resté à Tours, j'espère que je n'y aurai point perdu mon temps, si enfin l'on adopte les mesures de défense nationale dont j'ai démontré la nécessité, après les avoir étudiées dans les divers départements que je suis allé visiter.

» Vous êtes jeune, Monsieur, permettez-moi de terminer cette lettre par un conseil que mon âge et mon expérience m'autorisent à vous donner. Si elle n'est pas la liberté, si elle est l'intolérance;

(C) Voir à l'*Appendice*.

si elle n'est pas la sécurité, si elle est la terreur, avec ses procédés arbitraires et sommaires qui consistent à commencer par déclarer tout le monde suspect, pour finir par arrêter tout le monde, ambassadeurs, généraux, préfets, magistrats, etc., la République, encore cette fois, ne tardera pas à succomber sous la réaction qu'elle aura provoquée et légitimée.

» Croyez-moi, ne menacez plus, rassurez : ce ne sera pas superflu.

» Sans banalités,

» ÉMILE DE GIRARDIN. »

V

Tours, 10 octobre 1870.

A M. le Rédacteur en Chef du PHARE DE LA LOIRE.

« Monsieur,

» Un de mes amis m'adresse d'Angoulême l'article du *Phare de la Loire* par lequel vous requérez que « *je sois immédiatement surveillé, interrogé, arrêté.* »

» Au nom de quoi et pourquoi ?

» Parce que, selon une correspondance de Bruxelles, commentée par le journal la *Situation*, de Londres, « à la date du 22 septembre, je m'occuperais activement de rassembler à Limoges les membres du Sénat et du Corps législatif. »

» A quel titre, je vous le demande, les convoquerais-je et les réunirais-je ? Où les trouverais-je ?

» Comment un journal sérieux a-t-il pu accueillir une pareille fable et lui donner la consistance d'une dénonciation ? Ne lisez-vous donc aucun des nombreux journaux, notamment la *Défense nationale* de Limoges, l'*Union libérale* de Tours, le *Constitutionnel,* la *France,* la *Liberté,* etc., qui ont inséré la lettre dans laquelle je rapportais que, revenant de Limoges à Paris, le 16 septembre, et trouvant les communications rompues avec Paris j'avais planté ma tente à Tours, siége de la délégation et centre de toutes les nouvelles relatives à l'invasion étrangère et à la défense nationale ?

» Ne recevez-vous donc pas la correspondance Havas, qui a autographié les divers articles signés de mon nom que je lui ai remis pour qu'elle les expédiat à la presse départementale, articles dans lesquels j'expose les mesures, à mon sens, les plus efficaces et les plus promptes à prendre pour dégager Paris et Metz ; articles que notamment l'*Union libérale* et le *Constitutionnel* ont reproduits à Tours, et que la *Liberté* a reproduits à Bordeaux ?

» J'ai, Monsieur la prétention de croire que mon séjour à Tours n'aura pas été inutile au dégagement de Paris, objet de toutes mes pensées. Si vous en doutez, renseignez-vous ici, près des membres de la délégation.

» Vous requérez qu'on m'arrête ! Mon arrestation arbitraire, sans motifs, sans prétexte, le 25 juin 1848, par le général Cavaignac, décrétant l'état de siége et suspendant six journaux, a-t-elle donc été si profitable à la République du 24 février, que cet exemple à suivre doivent tenter la République du 4 septembre ?

» Le droit de réponse n'ayant pas cessé d'exister, vous avez tort, Monsieur, d'appeler sur ce terrain le détenu du 25 juin 1848, le banni du 9 janvier 1852, le condamné du 6 mars 1867, car constant adversaire de toute réaction et de toute révolution, n'ayant jamais demandé la liberté qu'au progrès des idées, des mœurs et des institutions, le témoin au procès de la Haute-Cour de Versailles (1) aurait trop d'avantages contre vous, si vous prolongiez ce débat que vous avez eu l'imprudence d'ouvrir.

» Dans toute la presse française quel est l'écrivain qui a lutté plus constamment et plus courageusement que lui, avant et après 1851, contre toutes les arrestations arbitraires, contre toutes les proscriptions légales, contre toutes les transportations politiques, avec ou sans jugement ? Si les deux exceptions qui avaient entaché l'amnistie de 1859 et celle de 1869 ont disparues le 12 janvier 1870, et fait cesser l'exil de MM. Ledru-Rollin et Tibaldi, à qui le doit-on en réalité, sinon à l'énergique pression qu'il a exercée sur le garde des sceaux de cette époque ?

» Je vous salue,

» EMILE DE GIRARDIN. »

(1) *Questions de mon temps*. Tome 5, page 417 et suivantes. — Compte-rendu de l'audience par le journal la *République*. Ce compte-rendu se termine par ces trois lignes :

» Nous devons dire que M. de Girardin s'est élevé dans ce solennel dé-
» bat à un rare degré d'éloquence. Il a été inspiré et vraiment sublime.
» L'effet qu'il a produit a été immense. »

VI

Tours, le 11 octobre, 1870.

A M. le Rédacteur en chef du SIÈCLE

« Monsieur,

» La *Liberté* m'apprend que vous avez bien voulu faire remarquer aux lecteurs du *Siècle* que j'avais laissé sans démenti l'imposture imaginée par le sieur Hugelmann pour faire parler du journal intitulé la *Situation* qu'il publie à Londres, en donnant à supposer que cette feuille a pour inspirateur et directeur occulte M. Rouher, méditant une restauration du second Empire.

» Je compte assez sur votre impartialité pour annoncer, que j'ai fait dans la *Liberté,* dans le *Phare de la Loire* et dans la *Défense nationale* de Limoges, la justice que méritait cette impudente traite tirée sur la crédulité des lecteurs par un homme dont il suffit de livrer le nom à la publicité pour le mettre dans l'impuissance de faire de nouvelles dupes.

» Recevez mes salutations,

» ÉMILE DE GIRARDIN. »

Je n'ajouterai pas un mot aux lettres que l'on vient de lire; elles suffisent amplement à cette Introduction aux articles que j'ai fait paraître *hors Paris,* et qui prendront place, à leur date, dans les *Questions de mon temps.*

Bordeaux, le 10 novembre 1870.

HORS PARIS

APPEL A LA PRESSE DES DÉPARTEMENTS

LA DÉFENSE NATIONALE PAR LA DÉFENSE LOCALE

Tours, 18 septembre 1870.

Lorsque la France est envahie, tous les Français ne doivent avoir qu'une seule pensée et tous la même : combattre l'envahisseur, le vaincre, le chasser ou l'exterminer.

Paris doit voler au secours des départements menacés ; les départements doivent voler au secours de Paris cerné, assiégé, affamé, bombardé.

Quelque grand que soit le péril, le plus grand ne serait pas de se défendre vaillamment contre l'envahisseur mais de se défendre mollement ou de ne pas se défendre, car la mollesse et la lâcheté ne le disposeraient pas à la modération ; on n'aurait à subir aucune exigence, aucune rigueur de moins et l'on aurait son mépris de plus.

Donc le patriotisme, ne commandât-il pas impérieusement à tous les Français de s'unir pour se défendre à outrance, que l'intérêt personnel le leur prescrirait non moins impérieusement.

Devant cette nécessité suprême de salut national, tous les dissentiments politiques si profonds qu'ils soient encore, doivent s'ajourner. La guerre commande cette trêve.

Mais il est temps enfin que les grands mots de défense nationale ne retentissent plus dans le vide. Il est temps qu'elle s'organise de toutes parts, sous toutes les formes. Paris a appelé à lui tous les jeunes gardes mobiles qu'il pouvait verser dans l'armée en leur donnant la même arme qu'à elle : le fusil chassepot.

Il s'agit maintenant d'appeler en province, la garde nationale sédentaire, qui compte plus d'hommes que de fusils transformés ou non transformés.

En temps de guerre défensive, en temps d'invasion, lorsqu'il s'agit de défendre sa mère, sa sœur, sa femme, sa fille, sa demeure, son verger, son pré, son champ, sa vigne, sa récolte, sa semence, le maniement du fusil s'apprend vite. Le plus important n'est point de marcher au pas, mais de tirer juste et de ne pas gaspiller les cartouches.

A chacun sa tâche :

A l'initiative gouvernementale et centrale, agissant à Tours, où elle a été transportée, le soin de n'épargner aucun effort, aucun sacrifice, pour former le plus vite possible, avec nos débris épars et nos derniers appels, deux armées : l'armée de la Loire et l'armée du Rhône, destinées à agir sur les derrières de l'armée de siége, à lui couper ses communications avec l'étroit orifice par lequel entrent d'Allemagne en France ses munitions sans nombre et ses levées sans fin.

A l'initiative personnelle et locale, s'inspirant de la grandeur du péril, le soin de faire, comme dernière et suprême ressource, le recensement de tous les hommes hors appel, qui possèdent un fusil de chasse ou tout autre arme et de les organiser en petits détachements communaux opérant comme opéra autrefois la chouannerie, et fermement résolus à empêcher les Prussiens de s'éparpiller sur toute la surface de la France pour y piller les récoltes, vider les caves, brûler les maisons, fusiller les hommes, violer les femmes et les jeunes filles.

Les envahisseurs entrés en France, fussent-ils au nombre d'un million, que, s'y éparpillant, ils ne seraient toujours qu'un million d'Allemands contre cinq millions au moins de Français valides : un contre cinq, ce qui ne serait pas inquiétant, car partout où un soldat français n'a eu à combattre que deux soldats prussiens il a été victorieux.

De l'initiative individuelle et locale dépendent donc l'honneur de la France et l'intégrité de son territoire.

Au nom de cet honneur et de cette intégrité; au nom du salut public, administrateurs et administrés communaux de tous les départements non envahis mais menacés, ne tardez pas un seul instant à vous affranchir de la tutelle administrative qui ferait empêchement ou retard à la défense locale !

Que partout s'établisse l'émulation, non pour se copier les uns les autres, mais pour faire ce qui sera le mieux approprié à la localité, à l'esprit de ses habitants, à leurs habitudes et à leur armement ! Où manqueraient encore les fusils, il y a les faulx et les fourches. Tout est bon à qui ne prenant conseil que de son courage est fermement déterminé à défendre sa vie, sa famille et son pays.

De Sedan à Paris les Prussiens trouvant devant eux le vide, encore le vide, toujours le vide, se sont témérairement avancés ; cette témérité ils la paieront cher si derrière eux à l'abri de chaque haie, à l'abri de chaque arbre, à l'abri de chaque pan de mur, s'organise nationalement la défense locale qui les empêcherait de se répandre loin de Paris pour aller chercher des vivres. La faim est une alliée invincible que nous pouvons nous donner ; donnons-nous la !

Que les trop faciles succès remportés par les Prussiens non sur la France mais sur la présomption et l'impéritie des ministres tombés sous le poids du mensonge, ne nous abattent pas, ne nous troublent pas, ne nous ôtent pas la vigilance et le courage ! Notre propre histoire, l'histoire de l'invasion de la France en Espagne, l'histoire de l'invasion de la France en Russie, n'est-elle pas-là pour nous apprendre que des guerres peuvent commencer par les plus éclatantes victoires et finir par les plus lamentables désastres?

Organiser la défense locale, *nationaliser la chouannerie*, ce sera organiser la déroute prussienne.

Que toute la presse départementale répète ce cri qui lui est adressé, et elle aura bien mérité de la patrie ! [1]

OU EST LE PÉRIL; OU SERAIT LE SALUT

Tours, 29 septembre 1870.

De la libre inspection que je viens de passer dans les divers départements que j'ai parcourus, je rapporte les convictions suivantes, puisées aux sources les plus opposées :

Nécessité impérieuse, urgente, d'établir avant tout deux vastes camps retranchés, camps de *dépôt*, d'armement et d'habillement, d'instruction, de concentration et de formation de deux armées de diversion destinées à inquiéter sérieusement l'armée de siège qui investit Paris et celle qui investit Metz.

(1) Autographié par la correspondance Havas ; expédié par elle à tous les journaux des départements, imprimé à Tours par l'*Union libérale*, cet appel a été sympathiquement reproduit par un grand nombre de feuilles départementales.

Ces deux camps, l'un sur le Rhône, camp du Sud-Est, menaçant l'Allemagne, l'autre sur la Loire, camp du Centre, en avant de Bourges et de Blois, protégeant ainsi Paris et Tours, recevraient sous les drapeaux tous les appelés par la loi à un titre quelconque, tous les glorieux débris de nos régiments et tous les gardes mobiles, qui, trop longtemps laissés dans leurs départements, y contractent de fâcheuses habitudes de désœuvrement et d'indiscipline. Ces deux camps de dépot, d'armement et d'habillement, d'instruction et de concentration, recevraient également tous les traînards, qu'il importe de replacer le plus vite possible sous le régime de la discipline la plus sévère, car ils ne tarderaient pas à être la déconsidération de notre armée à tous les yeux.

L'un des avantages de l'établissement de ces deux camps retranchés serait de permettre avec 50,000 chassepots d'exercer 250,000 gardes mobiles, car il suffirait pour cela d'adopter une bonne rotation des heures d'exercice jusqu'à ce qu'il y ait autant de chassepots que les deux camps compteraient d'hommes à exercer au maniement et au tir de ce fusil.

Si ces deux camps existaient, l'un rapproché le plus possible, l'autre éloigné le plus possible de Paris ; si les deux armées de la Loire et du Rhône étaient en voie active et continue de formation et qu'elles fussent munies de mitrailleuses fabriquées à tout prix, très certainement les Prussiens oseraient de moins en moins affaiblir leurs armées de siége en détachant d'elles des colonnes exposées à être coupées et mitraillées.

Ce qu'il importe d'arrêter au plus vite, c'est l'éparpillement de ces colonnes précédées de uhlans qui ont affolé la France de terreur, éparpillement qui a pour effet d'annuler une très grande partie de nos forces disponibles. Dans la crainte d'être surprises par ces uhlans précurseurs, qu'est-ce que font à l'envi toutes nos villes, mêmes les plus distantes de Paris et de Metz ? Elles ne se bornent pas à armer le moins mal possible leur garde nationale sédentaire ; ce sera à qui d'elles se fera protéger éventuellement, sinon par un régiment, au moins par un bataillon ou par un escadron.

Quelle est la conséquence de cet affolement? C'est d'augmenter le péril au lieu de le diminuer, c'est de l'appeler au lieu de l'éloigner, car pour une ville où les uhlans trouveraient devant eux soit un régiment, soit un bataillon, soit un escadron prêt à les combattre et décidé à les repousser, un grand nombre de régiments, de bataillons, d'escadrons, disséminés dans une multitude de villes, passent des jours et des semaines à attendre les uhlans sans les voir venir.

Ce sont des forces annulées, ce sont des forces gaspillées, en ce que leur emploi est sans proportion avec le risque.

Le uhlan est un risque qu'il faut prévoir, qu'il faut s'efforcer de prévenir, mais qu'il ne faut s'exagérer ni outre probabilité, ni outre mesure.

La concentration de nos forces disponibles peut seule nous sauver; la dissémination qui les annule, si nous ne nous empressons pas de l'arrêter, nous perdrait. En mobilisant la partie de leurs forces qu'ils éparpillent en éclaireurs et en colonnes de réquisitions, les Prussiens ont deux buts : le premier est de se procurer des vivres et de lever des contributions ; le second est de nous inciter à éparpiller pareillement nos forces, mais sur une échelle infiniment plus grande et sans que notre éparpillement se justifie par la même nécessité de se procurer des subsistances.

Eparpiller nos forces, au lieu de les concentrer, c'est jouer le jeu des Prussiens.

C'est là une vérité qui devrait être affichée à la porte de toutes les communes, sur les murs de toutes les villes et que les journaux devraient répéter sans cesse sous toutes les formes.

Le jeu des Français doit être celui-ci : resserrer, rétrécir autant que possible le cercle d'approvisionnement de l'armée prussienne et abriter derrière notre armée de la Loire tout ce qu'on y pourra accumuler de subsistances, ne fut-ce qu'afin d'exciter un des corps de l'armée de siège à les y venir prendre, car ce serait l'un des moyens de permettre à l'armée de Paris *intra-muros* de faire une sortie victorieuse, en s'appuyant sur l'armée de Paris *extra-muros*.

Nous tous qui sommes hors de portée des fusils et des canons prussiens, n'oublions pas que l'armée de Paris, *intra* et *extra-muros*, joue une grosse partie, dont l'intégrité de la France et ses milliards sont l'enjeu, immense et périlleuse partie qu'elle ne peut gagner qu'à la condition d'avoir un vigilant et vaillant partenaire.

Ce partenaire indispensable, ce partenaire sans lequel la résistance de Paris sera héroïque mais désastreuse, c'est l'armée de diversion et de délivrance, divisée en armée de la Loire et en armée du Rhône. En plaçant en première ligne, ainsi que je n'ai cessé de le faire depuis plus de six semaines, en plaçant en première ligne la nécessité d'établir deux camps retranchés, camps de dépot, d'armement et d'habillement, de concentration et d'instruction de toutes nos forces militaires disséminées et encore inexercées, est-ce à dire que je conseille aux départements l'insouciance et l'inertie? Loin de là! Car mon avis est que les départements ne sauraient apporter trop d'empressement à organiser la vigilance et la défense locales, en adoptant chacun le mode de vigilance et de défense le mieux approprié à son territoire, à son esprit, à ses traditions, à ses habitudes, au tempérament de ses habitants. Il n'est nullement nécessaire que toute la garde nationale sédentaire de France soit coulée dans le même moule.

C'est là qu'il est sage et utile de laisser à l'initiative locale toute sa liberté pour lui laisser toute sa puissance. Si des compagnies de francs-tireurs sont préférables à des patrouilles de garde nationale sédentaire, préfets, sous-préfets et maires, laissez les compagnies de libres défenseurs de l'intégrité du sol français s'organiser librement à leurs risques et périls et compléter la guerre aux Prussiens par la chasse aux Prussiens!

Ne vous effrayez pas des mots, s'ils sont la signification la plus juste de la chose qu'il s'agit de rendre populaire! Que cette chasse aux Prussiens dans les champs, derrière les haies se nomme *chouannerie*, ou que dans les rues derrière les pavés elle se nomme *barricades*, qu'importe! Une seule chose importe, puisque la Prusse nous a fait un devoir patriotique de cette extrémité barbare, c'est de tuer assez de Prussiens pour que le flot qui les apporte recule épouvanté et se tarisse enfin!

Il n'est pas douteux que les Prussiens luttent contre nous avec la force morale que leur donnent les victoires qu'ils ont déjà remportées sur la présomptueuse et criminelle impéritie des ministres et des généraux du gouvernement déchu; il n'est pas douteux qu'ils luttent contre nous avec l'incontestable avantage d'une organisation militaire très-supérieure et longuement préparée, contre une organisation militaire très-inférieure et qu'en très grande partie il a fallu en toute hâte improviser; mais, par contre, il n'est pas douteux que Paris s'aguerrissant, que Paris pouvant résister et résistant jusqu'en décembre, la saison des pluies viendra, ce qui rendra de plus en plus difficile, de plus en plus ruineux l'approvisionnement des munitions de guerre que la Prusse devra faire venir d'Allemagne et même l'approvisionnement des subsistances car une armée ne vit pas des coups de fusil qu'elle tire et des obus qu'elle lance.

Le principal objectif de la défense nationale doit donc être de prendre l'armée prussienne par le manque de munitions et le manque de subsistances. Manquant de pain et de viande, manquant de cartouches, manquant de boulets, d'obus, que deviendra l'armée prussienne avec ses canons d'acier et ses estomacs d'affamés, les uns aussi vides que les autres?

Est-il donc si difficile d'organiser sur ces données sommaires un plan de défense nationale qui utilise toutes nos ressources sans en négliger aucune; qui substitue le plein au vide qui a trop longtemps attiré l'armée prussienne ; qui fasse sans déviation converger tous nos efforts vers le but aperçu de tous les yeux ; plan qui, étant facilement compris de tous, ait le concours de tous, chacun étant stimulé par l'émulation, par le péril, par le patriotisme ?

LE MOT DE LA SITUATION

Tours, 30 septembre 1870.

Le mémorable et douloureux rapport dans lequel M. Jules Favre rend compte de sa visite au quartier général prussien atteste qu'il sera moins difficile encore à la France de dicter la paix que de l'accepter.

Dictons-là donc !

Le moyen, c'est celui que je n'ai cessé d'indiquer : c'est de concentrer dans deux camps retranchés, — camp de la Loire et camp du Rhône, — sans aucun retard et avec la plus grande vigueur, toutes nos forces éparses, toutes nos forces encore inexercées. L'éparpillement nous tue ! Partout il sème l'indiscipline. Il est l'école de l'ivrognerie. Il est la déconsidération de notre armée ; il en sera la ruine.

Voyez ce qu'il est en train de faire de nos jeunes gardes mobiles, si vaillants, si soumis, si admirables quand ils partent s'arrachant à leur famille, à leur commune, à leur champ, à leur atelier !

Où les conduit-il ?

Il les conduit à la ville voisine et au cabaret en attendant qu'ils soient armés et habillés.

Il appelle cela « *les former !* »

Où devraient-ils être conduits ?

Ils devraient être conduits droit à l'un des deux camps retranchés, camps de dépôt, d'armement, d'habillement, d'instruction, de formation et de concentration des deux armées de la Loire et du Rhône où seraient concentrés, eux aussi, les magasins d'habillement et les fusils.

S'il en eût été ainsi depuis six semaines, la France, à l'heure où ces lignes sont écrites et vont être imprimées, compterait sur la Loire et sur le Rhône deux armées chacune de cent cinquante mille hommes au moins.

Assurément ces deux armées, — armée du Centre et armée du Sud-Est — ne seraient pas encore suffisamment aguerries, mais elles seraient déjà fortement ébauchées et assouplies sous la discipline. Les premiers arrivés recevant dans leurs rangs les derniers arrivés et leur servant ainsi de modèles et de répétiteurs, l'apprentissage militaire, — l'émulation aidant, le péril pressant, — se fut fait vite.

Si ces deux armées de 150,000 hommes chacune composées d'appelés, d'engagés volontaires et de gardes mobiles, ne valaient pas encore ce que valent les armées prussiennes, grâce à leur puissante loi de recrutement militaire sans tirage au sort et sans remplacement, du moins elles vaudraient tout ce qu'elles peuvent valoir, et elles vaudraient certainement assez pour inquiéter et menacer très sérieusement les deux armées qui cernent Paris et Metz, et qui emprisonnent le général Trochu et le maréchal Bazaine.

Le mot de la situation est dans ces lignes du rapport de M. Lutz (du Rhône), commissaire délégué du Gouvernement de la défense nationale, qui, défiant les canons et les fusils prussiens, est parti en ballon le 25 septembre de Paris, apportant à la France le navrant rapport de M. Jules Favre :

« Des lettres trouvées sur les Prussiens, trois expriment un découragement profond ; on leur aurait promis une ville livrée à l'émeute par la populace et ils trouvent une ville digne des temps antiques. *Si maintenant les départements envoyaient tout ce qu'ils ont de disponible en hommes bien ou mal armés*, ce serait fini en quelques jours. Les Prussiens pris entre Paris et les départements seraient broyés. »

Oui, oui, c'est là le vrai mot de la situation.

Mais où sont tous les appelés, tous les engagés volontaires, tous les gardes mobiles que Paris ne renferme pas dans l'enceinte de ses murs? Où sont tous les nombreux débris de nos tristes défaites, les uns glorieux, les autres honteux? Où ils sont? Mais partout, excepté où ils devraient être. Ils sont éparpillés de toutes parts dans toutes les directions les plus divergentes dans toutes les villes qu'ils découragent, dans toutes les rues où ils promènent leur désœuvrement, dans tous les cabarets où ils apprennent non à obéir, mais à désobéir, non à respecter leurs chefs mais à les dénigrer. Ils sont éparpillés quand ils devraient être concentrés. Cette déplorable absence de concentration révèle une regrettable absence d'organisation qui appelle la plus sérieuse attention de la part de la délégation du Gouvernement de la défense nationale siégeant à Tours.

Si les mesures les plus énergiques ne sont pas prises sans délai, les efforts du maréchal Bazaine, l'héroïsme de Strasbourg, l'héroïsme de Paris ne serviront qu'à rendre plus dures, plus ruineuses les conditions de la paix imposées par le vainqueur au vaincu qui aura été contraint de capituler, parce que Metz, Strasbourg, Paris, n'auront pas été dégagés quand il eût été possible de les délivrer par d'habiles et courageuses diversions.

Le 6 février 1864, abandonné de la France, abandonné de la Russie, abandonné enfin de toute l'Europe, le Danemark, dans la même situation que celle où se trouve aujourd'hui la France, avec cette différence que le Danemark, aux prises avec l'Autriche et la Prusse, n'avait pour leur résister que dix-huit cent mille habitants, tandis que la France en a trente-huit millions; le 6 février 1864, le Danemark, par la voix de son roi, adressait à son armée ce suprême appel :

« Soldats, je me trouve seul avec mon peuple, abandonné du monde entier. Aucune puissance n'a déclaré jusqu'ici qu'elle me soutiendrait effectivement. J'ai confiance en vous et en ma flotte, vous êtes prêts à donner votre sang; mais nous sommes peu contre beaucoup : voilà pourquoi ce sang devra être chèrement payé.

CHRISTIAN.

Sonderbourg, 6 février 1864. »

Le sang danois a abondamment et glorieusement coulé, mais plus il a coulé et plus ont été grandes et inexorables les exigences du vainqueur. Le Danemark a été démembré et son magnifique port de Kiel, mettant en communication deux mers, la mer du Nord et la Baltique, a passé de ses mains dans celles de la Prusse.

Après le rapport signé Jules Favre, que toute la France haletante a lu, la pâleur au front et les yeux noyés de pleurs, aucune illusion n'est plus possible! La France sera démembrée, ses forteresses seront démantelées, des milliards d'indemnités de guerre lui seront imposés; il se peut même que l'injure aille jusqu'à laisser sur son territoire une armée d'occupation à titre de garantie du paiement de ces milliards jusqu'au solde de la dernière annuité, et tout cela parce que le gouvernement qui aura succédé au gouvernement déchu n'aura pas su concentrer, relier, exercer, discipliner les innombrables forces dont la levée a été successivement décrétée.

Lui aussi, je le dis avec le plus profond regret et contraint par la nécessité qui m'en impose consciencieusement le devoir, lui aussi, avec les intentions les meilleures et le zèle le plus grand, se sera laissé envahir, déborder, par le flot des menus détails et des petites mesures lorsque c'était par les grandes qu'il fallait procéder.

Les grandes sont toujours à la fois les plus simples et les plus rapides, aussi bien à éxécuter qu'à prescrire.

Le camp de dépôt, d'armement et d'habillement, d'instruction, de formation et de concentration de l'armée de la Loire, le camp de dépôt, d'armement et d'habillement, d'instruction, de formation et de concentration de l'armée du Rhône, ces deux camps retranchés recevant sous leurs vêtements de travail tous les hommes que les lois et décrets leur eussent envoyés; l'industrie et le commerce aux prises avec des quantités considérables, et stimulées par la concurrence et le gain, n'eussent pas tardé à accomplir de véritables prodiges d'approvisionnement d'armes, d'habits, de sacs, de bidons, de chaussures et de vivres.

Toutes les subsistances excédant le nécessaire des populations sédentaires se fussent ingéniées à trouver les chemins les plus courts et les plus sûrs pour arriver aux deux vastes camps retranchés de dépôt et d'instruction, de formation et de concentration, de diversion et de dégagement, de délivrance et de salut.

La délégation du Gouvernement de la défense nationale ayant fixé sa résidence à Tours n'eût pas été exposée au risque d'être obligée de la changer, ce qui paraîtra une fuite aux yeux des membres du corps diplomatique qui l'ont accompagnée et aussi aux yeux de la France.

Le vide qui se fait sans terme et sans fond devant les Prussiens, ce vide qui les a attirés de Sedan à Paris et qui les attire de Paris à Orléans, qui les attirera d'Orléans à Tours, de Tours à Bordeaux, de Bordeaux à Bayonne jusqu'à ce que la chaîne des Pyrénées nous accule et les arrête, ce vide restreint à la Loire se fût converti en plein, car il se fut changé en barrières de fusils abritant derrière eux toutes les mitrailleuses qu'il eût été possible de fabriquer, toute l'artillerie qu'il eût été possible de rassembler.

Le vide clos par l'armée de la Loire, l'armée du Centre, alors l'armée du Rhône, l'armée du Sud-Est eût délibéré sur le meilleur de ces deux partis à prendre :

Ou se porter sur la frontière allemande pour arrêter au passage les envois d'hommes et les convois de munitions expédiés d'Allemagne et chercher à dégager l'armée de Metz avec ses deux maréchaux Bazaine et Canrobert;

Ou marcher à une époque convenue sur la Loire pour opérer sa jonction avec l'armée du Centre et tenter par un suprême effort de dégager l'armée de Paris avec ses deux généraux Trochu et Vinoy.

Voilà, selon moi, ce qui ressort nettement des deux rapports signés Jules Favre et Lutz (du Rhône) : l'un et l'autre renferment ce que je crois avoir justement appelé *le mot de la situation*, sur lequel j'appelle de nouveau en terminant, la plus sérieuse attention des membres de la délégation du Gouvernement de la défense nationale.

S'il a des inconvénients, le recueillement, qui est la conséquence de ma situation, a cet avantage qu'il permet de distinguer de haut et de loin ce que souvent au centre d'un gouvernement la multitude et la responsabilité des détails empêchent de voir clairement.

QUE FAIT-ON ?

Tours, 1er octobre 1870.

Ce que fait Paris, toute la France le sait et l'admire.

Ce que fait Tours, tout le monde se le demande et personne ne le voit.

Est-ce à dire que les membres qui composent la délégation du Gouvernement de la défense nationale et celle des divers ministères ne déploient pas la plus grande activité et ne donnent pas tout leur temps à la chose publique !

La vérité est qu'ils travaillent sans relâche et avec la plus grande ardeur; mais aussi la vérité est que, débordés par les détails, envahis par les candidats, les postulants et les mécontents, ils font passer ce qui est le moins urgent et le moins important avant ce qui l'est le plus.

Ce qui est plus important et plus urgent que de nommer des constituants et que de changer des préfets et des magistrats, c'est de diriger tous les hommes disponibles, — appelés, réappelés, gardes mobiles, traînards, — sur les deux camps retranchés de la Loire et du Rhône, camps de dépôt, d'armement et d'habillement, d'instruction, de formation et de concentration de l'armée de la Loire et de l'armée du Rhône, ayant pour objectif de dégager Paris et Metz, soit qu'elles opèrent séparément, soit qu'elles opèrent conjointement à un jour fixé.

Si, dés le lendemain du 4 septembre, les ordres avaient été donnés afin d'effectuer énergiquement cette double concentration, elle serait déjà assez avancée pour apparaître à tous les regards; on la verrait, et l'on ne verrait plus de soldats de toutes les classes épars sur toutes les routes, semés dans toutes les villes, prétendant qu'ils se rendent dans leurs dépôts ou qu'ils en reviennent.

L'admirable fermeté dont Paris, après Strasbourg, Metz, Phalsbourg, Toul, donne l'exemple, est une raison de plus pour que la délégation de Tours ne le laisse pas exposé à la nécessité d'une capitulation désastreuse après une résistance héroïque.

Qu'on se le dise, toute journée qui pourrait être mieux employée, tout ordre irréfléchi, toute fausse manœuvre accroissent ce risque sur lequel doivent converger toutes les pensées et tous les regards.

« *Nous résisterons assez longtemps pour donner à l'armée qui s'organise certainement par vos soins, le temps de venir nous dégager, mais ne perdez pas une heure, une minute, une seconde* »; tel est le cri unanime qu'apportent de Paris à Tours, par voie aérostatique, tous les télégrammes, toutes les dépêches, toutes les lettres.

Délégation de Tours, qu'avez-vous fait, que faites-vous pour que cette attente de Paris ne soit pas trompée comme celle de Strasbourg? Quels ordres ont été donnés et quelles dispositions sont prises pour affranchir de toutes les lenteurs de la tradition bureaucratique la formation des deux camps de dépôt, d'armement, d'habillement, de formation, d'instruction et de concentration de l'armée de la Loire et de l'armée du Rhône que réclament impérieusement l'intérêt national et le bon sens militaire?

Depuis plus d'un mois que le maréchal Bazaine, assisté du maréchal Canrobert et du général Bourbaki, s'efforce de briser le cercle qui l'entoure, quels efforts ont été tentés pour faciliter cette tâche en plaçant l'armée prussienne entre deux armées?

C'est ce que chacun se demande en rencontrant partout des régiments de cavalerie et d'infanterie, des escadrons, des bataillons qui séjournent dans les villes et dans les campagnes, sans y rien faire que d'y contracter, de l'aveu de leurs officiers, des habitudes contraires au strict maintien de la discipline.

Avons-nous donc désappris en France le grand art de la guerre, lequel ne se borne pas uniquement à vaincre l'armée ennemie par la supériorité des gros bataillons. Grâce au génie ou au savoir de leurs chefs, des armées inférieures en nombre ont souvent été victorieuses. Il y a beaucoup d'exemples que le moyen le plus sûr de dégager un point est d'en aller attaquer un autre parfois très éloigné. Pour dégager le plus sûrement et le plus rapidement Paris et Metz, quel serait le point qu'il faudrait attaquer? Peut-être est-ce l'orifice par lequel entrent d'Allemagne en France les convois de munitions des armées prussiennes, car le jour où leur artillerie manquera de munitions, plus il y aura de Prussiens et plus il sera facile de leur faire rendre les armes.

Le vice-amiral Fourichon ne veut plus du portefeuille de ministre de la guerre; ce portefeuille est retourné dans les mains de M. Crémieux qui n'a aucune notion de stratégie ni même de tactique; ne serait-ce pas le cas de faire en quelque sorte par voie de concours appel aux lumières et au patriotrisme des militaires de tous grades qui ont réfléchi sur le plan qui leur paraîtrait le meilleur pour délivrer les maréchaux Bazaine et Canrobert, dégager Paris et contraindre les Prussiens de se sauver en toute hâte sous peine de ne plus pouvoir rentrer dans leur pays qu'à titre d'échange de prisonniers ?

Mais, va-t-on me dire, il n'y a pas de concours sans juges ; or, quels seraient, à Tours, les juges de ce concours ? Le président de ce concours pourrait être M. Thiers à son retour de Saint-Pétersbourg. Il y a des colonels instruits et sensés en dehors de ceux qui ont été faits prisonniers à Sedan ou qui sont cernés à Metz et à Paris ; revenant d'Angers à Tours, j'en ai rencontré un dont les réflexions m'ont frappé par leur justesse ; je le signale ; il commande à Saumur le 6e lanciers et se nomme M. Pollard ; enfin il y a des officiers d'état-major distingués. Ce concours, dût-il avoir uniquement pour résultat de combattre la paresse des esprits, de les stimuler et de les mettre en fermentation, qu'il ne serait pas inutile et peut-être même abonderait-il en révélations précieuses et inespérées !

Ce qui est hors de doute, c'est qu'il y a quelque chose à faire et qu'il importe que la délégation de Tours, se mettant sérieusement à l'œuvre, sous peine d'encourir une responsabilité aussi écrasante que celle qui pèse sur le gouvernement renversé le 4 septembre, ne laisse pas plus longtemps sans réponse cette question : — Que fait-on ?

CE QUI MANQUE

Tours, 1er Octobre 1870.

Si j'en juge par ce que je vois et par ce que j'entends, ce qui manque à la France pour la délivrer de la présence des Prussiens qui cernent Paris et Metz, ce n'est pas le nombre des hommes, non mariés, en état de défendre leur pays envahi ; c'est une bonne organisation qui, après les avoir classés par catégories, étagés par bans successifs, ne les appelle graduellement qu'en raison des *existences* en armes, sacs, bidons, tentes, habillements et vivres. Plus la guerre enlève de bras au travail des champs et des ateliers et plus il importe de ne les arracher à leur travail qu'à la dernière extrémité. Agir autrement ce n'est pas seulement prodiguer un temps précieux, c'est aussi gaspiller l'argent dépensé en soldes d'hommes comptant à l'effectif et ne faisant aucun service.

Si extrêmes que soient les circonstances, leur gravité ne dispense pas de la méthode et de l'ordre. Au contraire, elles les rendent plus impérieusement nécessaires, car les difficultés les plus sérieuses n'apparaissent qu'à partir du jour où l'argent commence à manquer.

En temps prospère la prodigalité n'a pas de conséquences funestes, car le travai est une roue dont elle accélère la vitesse ; mais en temps de crise ou de guerre, elle est désastreuse, car elle creuse le gouffre qui ne rend rien de ce qu'il engloutit.

Délégation de Tours, n'appelez donc que les hommes nécessaires, dont vous avez l'emploi et que vous pouvez armer sans les faire attendre ; car lorsque vous n'avez pas l'emploi et l'armement des hommes que vous avez appelés, c'est du temps et beaucoup d'argent perdus.

Partout je vois :

Trop d'hommes appelés qui ne servent qu'à toucher leur solde ;

Pas assez d'hommes appelés qui, servant réellement gagnent réellement leur paie.

Employez-en plus et appelez-en moins !

LA CONSTITUTION DU 4 NOVEMBRE

Tours, 1er octobre, 1870.

S'ils eussent été prévoyants et conséquents, le premier acte des députés de Paris qui se sont érigés, le 4 septembre 1870, en Gouvernement de la défense nationale, eût dû être de faire revivre la Constitution du 4 novembre 1848, qui avait été violée le 2 décembre 1851, car alors la France eût été immédiatement en pleine possession d'un gouvernement définitif et d'une origine irréprochable.

Il eût suffi de convoquer les colléges électoraux afin que, sans aucun retard, ils procédassent, les dimanche et lundi 18 et 19 septembre, à l'élection du président de la République, et les dimanche et lundi 25 et 26 septembre, à la nomination d'une Assemblée législative, en remplacement de celle qui avait été inconstitutionnellement et nuitamment dissoute.

Cette double et successive élection eût été faite en se conformant *scrupuleusement* aux termes de la loi du 15 mars 1849, afin que les députés de Paris, siégeant à l'Hôtel-de-Ville, sous la présidence du général Trochu, ne pussent être accusés d'avoir fait aucun acte de pouvoir constituant qui pût être justement qualifié d'acte d'usurpation. Le rétablissement pur et simple de la Constitution du 4 novembre 1848 leur eût donné une grande force, car ils eussent pu dire, sans contradiction possible, que, si la Constitution républicaine eût été honnêtement respectée, Rome n'eût pas été bombardée en 1849 par la République française, ni Strasbourg bombardée en 1870 par l'armée prussienne, puisqu'à son frontispice était écrit :

LA RÉPUBLIQUE FRANÇAISE RESPECTE LA NATIONALITÉ DES AUTRES PEUPLES, COMME ELLE ENTEND FAIRE RESPECTER LA SIENNE ; N'ENTREPREND AUCUNE GUERRE DANS DES VUES DE CONQUÊTE ET N'EMPLOIE JAMAIS SES FORCES CONTRE LA LIBERTÉ D'AUCUN PEUPLE.

Si la Constitution du 4 novembre 1848 n'eût pas été violée le 2 décembre 1851, la France, cela est vrai, ne se fut pas agrandie des trois départements qui se nomment les Alpes-Maritimes, la Savoie et la Haute-Savoie, départements dont la possession lui coûte déjà plus de cent millions; mais aussi elle n'eût pas vu les Prussiens victorieux investir Strasbourg, Metz, Paris, envahir et dévaster tout son territoire; si le 4 septembre 1870, la Constitution du 4 novembre 1848 eût été immédiatement rétablie de plein droit, l'inscription ci-dessus eût certes offert un meilleur terrain de discussion pour la conclusion de la paix, que la première circulaire de M. Jules Favre, celle du 6 septembre, laquelle a engendré la seconde, celle du 21 septembre.

A quelque point de vue que l'on se place, — point de vue intérieur, point de vue extérieur, — il est maintenant hors de doute que les hommes qui, le 4 septembre, ont pris sur eux la responsabilité des destinées de la France, ont commis une grande et irréparable faute, en ne suivant pas le conseil qui leur avait été donné confidentiellement, le samedi soir 3 septembre, et qui fut renouvelé publiquement le dimanche 4 septembre avant dix heures du matin par la *Liberté*.

Assurément, quoiqu'elle fut le fruit de six mois de labeurs, la Constitution de 1848 n'était pas sans défauts, mais ces défauts eussent successivement disparu par l'expérience acquise, puisque la Constitution de 1848 renfermait un article cent onze ainsi conçu :

Art. 111. — Lorsque dans la dernière année d'une législature, l'Assemblée nationale aura émis le vœu que la Constitution *soit modifiée en tout ou en partie*, il sera procédé à cette révision de la manière suivante :

Le vœu exprimé par l'Assemblée ne sera converti en résolution définitive qu'après trois délibérations consécutives, prises chacune à un mois d'intervalle et aux trois quarts des suffrages exprimés. Le nombre des votants devra être de cinq cents au moins.

L'Assemblée de révision ne sera nommée que pour trois mois.

On le voit : la Constitution du 4 novembre 1848, violée par le seul français qui eût juré de la défendre, donnait ainsi toute garantie à la paix et à la liberté, à l'esprit de progrès et à l'esprit de stabilité.

La Constitution qu'on fera sera-t-elle meilleure que celle qui avait été faite, et qu'il s'agissait de rétablir? Cela n'est pas certain. C'est donc pour une chose infiniment douteuse, que ceux qui ont proclamé le 4 septembre, la déchéance du prisonnier de Sedan, ont privé la France de l'immense avantage d'avoir, avant l'investissement de Paris, un Président de la République et une Assemblée législative.

Si cette double élection eût eu lieu les 18 et 25 septembre, très probablement elle eût écarté les pierres d'achoppement qui ont empêché la conclusion de la paix à des conditions rigoureuses, mais qu'il n'eut peut être pas été impossible de rendre acceptables.

La logique est une voie dont il est prudent de ne jamais sortir.

ADRESSE DES 37,200 COMMUNES DE FRANCE

à

SA MAJESTÉ LE ROI DE PRUSSE (1)

SIRE,

Les victoires que Votre Majesté et ses armées ont remportées avant et depuis la capitulation de Sedan, sont les triomphes légitimes de l'instruction sur l'ignorance et de la bonne administration sur la mauvaise.

(1) Tandis que le *Phare de la Loire*, la *Défense nationale* de Limoges, le *Siècle*, imprimé à Poitiers, etc., me dénonçaient comme étant l'âme d'un complot bonapartiste je proposais à la délégation de Tours de convoquer en session extraordinaire les 37,200 conseils

Ces victoires sont la condamnation du gouvernement vaincu ; elles ne sont pas la déchéance du pays qui lui survit.

La France peut donc, sans abaissement et sans honte, venir directement demander à Votre Majesté de faire connaître quelles conditions Elle entend mettre à la cessation de la guerre, et quelles garanties devraient lui être données, que la paix conclue sera sincère et durable.

La France se compose de 37,200 communes.

En adressant à Votre Majesté cette suprême demande, revêtue de la signature de 500,000 conseillers municipaux, non-seulement la nation française ne manque pas à la dignité que lui impose son passé, mais elle accomplit un devoir que lui prescrit l'humanité.

Sire, si Votre Majesté élude ou repousse ce vœu direct qui lui est exprimé par un pays tout entier, Elle assumera seule désormais la responsabilité de tout le sang qui sera versé des deux parts ; Elle aura pour juges la civilisation et l'histoire, et au-dessus de ces deux juges, un troisième juge irrécusable : sa conscience devant l'éternité.

Réduite à lutter désespérément jusqu'à ce que la Prusse ait tué le dernier français ou jusqu'à ce que la France ait tué le dernier prussien, la nation que son gouvernement a livrée sans défense à l'invasion puisera, dans le désespoir, porté à son comble, de nouvelles forces pour soutenir la lutte à outrance que, de l'aveu du monde entier, elle aura tout fait pour arrêter, avant que s'achève le massacre mutuel de deux grand peuples s'exterminant sans se haïr et s'admirant d'autant plus l'un l'autre qu'ils se seront réciproquement portés le plus grands nombre de coups mortels.

Que gagneraient, Sire, Votre Majesté, son gouverne-

municipaux de France et de leur proposer de signer, après délibération régulière, l'adresse ci-dessous. Les termes de cette adresse indiquent qu'elle avait été conçue et redigée avant que fut connue à Tours la démarche faite le 21 septembre par M. Jules Favre au quartier général prussien.

ment et son peuple, à rapetisser territorialement la France, à lui enlever l'Alsace et la Lorraine, Strasbourg et Metz ; enfin à lui dicter la paix dans Paris criblé de boulets et d'obus, couvert de ruines, enseveli sous la cendre, noyé dans le sang et contraint par la faim à capituler ?

L'histoire de tous les siècles et de tous les pays est là pour attester les infidélités de la victoire et les enseignements de la défaite. Plus les fautes du gouvernement vaincu auront coûté cher à la France aveuglée par l'éclat d'un nom funeste, et plus elle redoublera d'efforts et de sacrifices pour que ces enseignements la mettent, le plus tôt possible, en état de prendre sa revanche contre le vainqueur comme, autrefois vaincu par elle, il vient de la prendre contre elle.

Sire, si Votre Majesté aux prises avec les exigeances de l'Allemagne, fait de la signature de la paix dans Paris une des conditions expresses de sa conclusion, il dépend de Votre Majesté qu'il en soit ainsi sans nouveaux combats meurtriers, entassant pêle-mêle cadavres prussiens sur cadavres français : il suffira que préliminairement arrêtées, ces conditions soient équitablement réglées afin qu'elles puissent être sincèrement acceptées ; alors Paris ouvrira de lui-même ses portes toutes grandes, car ce sera un hommage qu'il rendra à l'équité et qu'elle aura mérité.

Sire, Votre Majesté peut donner à l'Europe ce grand et rare spectacle d'un vainqueur n'abusant pas de sa victoire et s'assurant ainsi pour allié du lendemain le vaincu de la veille.

Si Votre Majesté préfère l'autre rôle, qui ferait de l'Allemagne et de la France deux puissances perpétuellement ennemies, l'armée prussienne gardera pour elle l'avantage de son organisation modèle, de son artillerie supérieure, de sa discipline exemplaire ; mais l'armée française aura de son côté l'immense force que lui donneront toutes les sympathies surexcitées par un injustifiable refus, et toutes les défiances que tôt ou tard ce refus fera naître dans l'esprit de toute l'Europe.

SIRE,

Les 37,200 communes de France attendent la réponse suprême à cette Adresse, dont elles confient la remise à ceux des représentants diplomatiques des puissances neutres qui auront obtenu de leurs gouvernements l'autorisation de la déposer entre les mains de Votre Majesté.

Signatures.

LA VOIX DANS LE DÉSERT

A M. Détroyat, rédacteur en chef de la LIBERTÉ, *à Bordeaux.*

I

Tours, le 2 octobre 1870.

« Mon cher ami,

« Revenu des départements de la Vendée, de la Loire-Inférieure et de Maine-et-Loire, que j'ai parcourus pour me rendre compte de l'esprit général de la France et des dispositions prises par la délégation du Gouvernement de la Défense nationale, afin de justifier son titre, je reçois ce matin, à Tours, la lettre dans laquelle vous me prévenez que « la *Situation,* journal de la » restauration de l'Empire, fondé à Londres, me range » au nombre de ceux sur le concours desquels cette » restauration peut compter. »

« Vous pouvez, mon cher ami, publiquement déclarer que rien dans ma conduite ni dans mes discours n'a autorisé cette illusion de la part de ceux qui, après avoir perdu l'Empire par leur platitude, ont perdu l'Empereur par leur aveuglement.

» Le 21 août, je remettais à l'Impératrice les notes ci-dessous que vous avez publiées dans la *Liberté* du 8 septembre :

I

A L'IMPÉRATRICE-RÉGENTE

21 août 1870.

« Si la bataille qui est imminente n'est pas une victoire, le seul moyen qui restera de prévenir la déchéance, la chute, le départ, l'exil qu'il faut prévoir, ce serait une hardie proclamation dans le sens de celle ci-jointe, qui permettrait de dire :

» Tout est perdu, *fors* le prestige.

II

PROCLAMATION

21 août 1870.

» FRANÇAIS,

» En 1854, la France, au nom de l'équilibre européen menacé, prenait les armes pour protéger la Turquie contre la Russie.

» En 1856, elle prenait par le même motif les armes pour défendre le Piémont contre l'Autriche.

» En 1866, sa médiation sollicitée arrêtait devant les murs de Vienne les Prussiens victorieux à Sadowa et donnait la Vénétie à l'Italie.

» En 1870, dans l'épreuve extrême à laquelle est mise son courage, l'appui des gouvernements signataires du traité de Paris du 30 mars 1856, lui manquant, il est un autre appui qui ne lui manquera pas, c'est celui des peuples, en y faisant fraternellement appel, au nom de la République française, au nom des Etats-Unis d'Europe, dont la constitution peut seule mettre fin aux guerres fratricides, désarmer la paix, réduire les budgets et diminuer les impôts, ce que demandait avec instance aux souverains ma lettre du 4 novembre 1863.

» A cet appel, je le sais, il y a un obstacle; c'est le gouvernement impérial que je personnifie.

» Quoique cette forme de gouvernement ait été à deux reprises ratifiée à d'immenses majorités par le plébiscite du 21 novembre 1852 et par celui du 8 mai 1870, je ne serais pas digne de l'immortel nom que je porte si, déclinant la responsabilité que je me suis attribuée et que j'ai encourue, je faisais passer avant l'intégrité de ma patrie envahie le règne de ma dynastie. En mon nom, au nom de mon fils et de tous les miens, je renonce donc à la couronne que je porte. J'abdique en pleine liberté la suprême puissance. A dater du jour où cette déclaration solennelle aura paru, ne voyez, plus en moi qu'un citoyen n'ayant désormais d'autre ambition que l'abnégation la plus sincère, et n'aspirant à d'autres grandeurs qu'à celle des sacrifices.

» Le Sénat et le Corps législatif sont réunis. Que, mettant le salut du pays au-dessus du respect de la Constitution, ils nomment sans retard, à l'exemple de ce qui a eu lieu en juin 1848, un président du conseil, chef du pouvoir exécutif, qui, conservant leur confiance, conservera ses fonctions jusqu'au jour où la Constitution du 4 novembre revivant, le suffrage universel pourra de nouveau élire le président de la République française.

» Français, si tel est votre sentiment, ma voix s'unira à la vôtre, pour faire entendre le cri que répéteront les peuples qui aspirent à la paix et à ses bienfaits : *Vive la République européenne fédérative!*

» Ainsi s'accompliront ces paroles de l'Empereur Napoléon Ier, signant l'acte additionnel du 22 avril 1815 : « Nous » avions pour but d'organiser un grand système fédératif » européen que nous avions accepté comme conforme à l'es- » prit du siècle et favorable aux progrès de la civilisation.

» LOUIS-NAPOLÉON BONAPARTE. »

« Déjà l'on ne pouvait plus sauver l'Empire et la dynastie, mais on pouvait encore sauver l'Empereur et son prestige.

« Louis-Napoléon Bonaparte serait citoyen de la République française, replacée sous la Constitution du 4 novembre 1848, il ne serait pas prisonnier de l'armée prussienne, déshonoré par la capitulation de Sedan.

» A quel titre la *Situation* aurait-elle mon concours? Est-ce qu'avant et après le Coup d'Etat du 2 décembre, dont j'ai toujours été l'adversaire déclaré, l'Elu du 10 décembre a jamais suivi aucun des conseils, écouté aucun des avertissements que j'avais peut-être quelque droit de lui donner, car l'appui que j'avais prêté à sa candidature faisait et fait peser sur moi une lourde responsabilité?

» Pourquoi, dans la nuit du 9 au 10 août dernier, mon nom n'a-t-il pas été maintenu sur la liste ministérielle où je figurais comme ministre de l'intérieur et où il a été remplacé par celui de M. Chevreau? C'est que mon programme, que je copie sans y rien changer, renfermait ce qui suit :

PROGRAMME DU 9 AOUT :

Levée immédiate de l'état de siége, et maintien de l'état de guerre;

Amnistie politique sans aucune exception;

Abrogation des lois de proscription;

Armement national de tous les Français de 20 à 40 ans, non actuellement sous les drapeaux, sauf les cas de non-validité physique et d'exemptions légales, mais armement *localisé, catégorisé* et combiné avec les approvisionnements, en armes, habillements et munitions;

Mise en accusation et en jugement des ministres coupables du crime impardonnable d'avoir déclaré que la France était prête, lorsque, de l'aveu même de M. Jérôme David, vice-président du Corps législatif, elle ne l'était pas;

Entière liberté de la presse, ni restrictions fiscales, ni intimidation pénale l'empêchant de remplir son rôle de sentinelle vigilante plus que jamais nécessaire;

Le Sénat renonçant à sa dotation;

Le ministère des belles-lettres et beaux-arts ainsi que le ministère de l'agriculture et du commerce supprimés;

Le ministère de la guerre dédoublé et formant deux départements : — *le département des opérations et du personnel de la guerre* (général Palikao); *le département de l'administration et du matériel de la guerre* (baron Haussman).

« J'ai la prétention de croire que si ce programme, qualifié alors de trop absolu, quand le reproche contraire eût été plus justement mérité, j'ai la prétention de croire que, si ce programme eût été adopté le 9 août, les choses eussent suivi un autre cours, car le ministère du 9 août eût été réellement *un ministère de la défense nationale* au lieu d'être principalement un *ministère de la défense dynastique.* Le général Palikao ne se fut pas usé et déconsidéré en venant chaque jour à la tribune du Corps législatif réciter des discours mensongers; il fut parti immédiatement de Paris le 10 août, pour aller se concerter avec les maréchaux Bazaine, Canrobert, Mac-Mahon, et j'eusse insisté, ce jour-là, comme j'avais insisté la veille, pour qu'il organisât sans aucun retard et à tout prix l'armée de Lyon destinée à porter la guerre sur le territoire allemand, afin de hâter et de faciliter la conclusion de la paix.

» Ministre de l'intérieur, je n'eusse pas reculé devant le conseil de confier au duc d'Aumale et au prince de Joinville deux commandements en chef, car le 13 août, au risque de passer pour suspect, je n'avais pas hésité à engager l'Impératrice-régente à se faire adresser le télégramme suivant, devant être inséré le soir même au *Journal officiel :*

Metz, 13 août 1870.

A L'IMPÉRATRICE-RÉGENTE

Lorsque des princes exilés, offrant de donner leur vie pour la défense du pays envahi, s'adressent en de si nobles termes à mon gouvernement, la loi qui les prive de leur patrie ne saurait plus subsister.

Qu'une proposition d'abroger la loi des 10-11 avril 1832 et le décret des 26 mai - 9 juin 1848 soit donc présentée d'urgence au Sénat et au Corps législatif; ils s'associeront, je n'en doute pas, à cette pensée nationale.

NAPOLÉON.

» Lorsqu'il n'a été tenu aucun compte de mes conseils aussi désintéressés que patriotiques et conformes à mon programme du 14 décembre 1848, imprimé dans le tome III des *Questions de mon temps,* ne serait-ce pas me désavouer moi-même que de me rallier au drapeau de *la Situation*, ramassé sous les murs de Sedan ?

» Ayant toute ma vie représenté, personnifié *la liberté sans la révolution*, certes je n'approuve pas plus l'acte de violence du 4 septembre, qui a dissous le Corps législatif, que je n'avais approuvé l'acte de violence du 2 décembre qui avait dissous l'Assemblée législative où j'avais l'honneur de représenter l'héroïque ville de Strasbourg. Mais je n'ai pas besoin de l'approuver pour en accepter les conséquences sans arrière-pensée et sans efforts. Pourquoi aurais-je des scrupules que n'ont-eus ni la République des États-Unis, ni la République helvétique, ni le royaume d'Espagne, ni le royaume d'Italie, ni les vaillants maréchaux, généraux et colonels dont les épées, le 5 septembre, ne sont pas rentrées dans les fourreaux ?

» Les gouvernements de fait sont les gouvernements de droit.

» Cette maxime américaine a toujours été la mienne, car ne pas la prendre pour règle de conduite, c'est ériger la révolution en principe et en devoir.

» Comment la République renversée par l'Empire, l'a-t-elle à son tour renversé ? — N'est ce pas par une révolution ?

» Comment l'Empire renversé par la République pourrait-il encore la renverser si non par une nouvelle révolution ?

» Révolution de 1789, révolution de 1830, révolution de 1848, révolution de 1851, révolution de 1870...., n'avons-nous donc pas assez de révolutions ! ne serait-il pas temps d'en finir avec elles ?

» Si la République est le moyen qui s'offre, aidons-là tous à tout prix, sans faire peser injustement sur elle la responsabilité de fautes écrasantes qui, s'ils avaient quelque conscience, quelque pudeur, auraient dû condamner au silence à perpétuité les fondateurs, inspirateurs et rédacteurs de la *Situation!*

» Si vous insérez, mon cher ami, cette réponse que vous avez provoquée, je vous dirai, dans une autre lettre, ce que je pense des douloureuses épreuves que subit la France, et comment j'aurais compris que le gouvernement actuel tentât de les abréger.

» Tout à vous,

» EMILE DE GIRARDIN. »

II

Tours, 3 octobre 1870.

» Mon cher ami,

» Si je dois vous adresser une série de lettres sur la situation actuelle, il importe que vos lecteurs sachent exactement quels conseils j'ai en vain donnés *avant* et *après* le 4 septembre.

» Dans ma première lettre, j'ai dit quels avis j'avais soumis les 9, 13 et 21 août à l'Impératrice-régente, vous avez rappelé la proposition qui a paru dans la *Liberté* du matin 4 septembre (D), proposition que M. Guyot-Montpayroux, député de la Loire, s'était chargé de communiquer la veille à la commission de défense dont il était l'un des membres, et qui, si elle eût été adoptée dans la soirée du 3, eût oté tout motif, tout prétexte à l'envahissement du 4, puisqu'elle faisait revivre la Constitution du 4 novembre 1848, rétablissait conséquemment la République et conférait au général Trochu toutes les attributions de chef du pouvoir exécutif, jusqu'au jour où l'Assemblée légis-

(D) Voir à l'*Appendice*.

lative, qui eût été élue en vertu de la loi électorale du 15 mars 1849, se fut déclarée régulièrement constituée, et où le président de la République eût été régulièrement élu. Maintenant il me reste à faire connaître à vos lecteurs comment, après le 4 septembre, je comprenais qu'on tentât de sortir de la situation dans laquelle il y aura demain trente jours que la France est enfermée, sans avoir réussi à s'ouvrir encore aucune issue.

» Le jeudi matin, 8 septembre, je remets au général Trochu, président du Gouvernement de la défense nationale la note ci-dessous :

Note remise, le jeudi matin 8 septembre,
à M. le général Trochu.

La circulaire de M. Jules Favre est une ouverture de paix implicitement faite au gouvernement prussien.

Il faut prévoir la réponse du roi de Prusse ; elle peut-être celle-ci :

» Qui êtes vous ? Vous n'êtes pas la Monarchie et vous n'êtes » pas la République. Si le 2 décembre fut un acte de violence » et d'usurpation par l'armée, le 4 septembre est un acte de » violence et d'usurpation par la rue ; l'un et l'autre ayant eu » lieu en violation du suffrage universel et au mépris de la » Constitution en vigueur. De qui tenez-vous vos pouvoirs ? » A mes yeux, vous êtes sans pouvoirs réguliers pour traiter ; » je ne saurais donc traiter valablement avec vous. »

» Comment prévenir, comment résoudre cette objection qu'il convient de prévoir ?

» Une des solutions serait le décret suivant promulgué et exécuté sans aucun retard :

Le Gouvernement de la défense nationale décrète :

La Constitution du 14 janvier 1852, révisée le 8 mai 1870, n'existant plus, la Constitution du 4 novembre 1848 revit de plein droit, *sauf révision ultérieure selon les formes prévues et prescrites.*

La présidence de la République étant vacante, il sera procédé les dimanche et lundi 18 et 19 septembre dans toutes les communes de France non cernées par l'étranger, à l'élection du président de la République française.

Cette élection aura lieu aux termes de la loi du 15 mars 1849 sur les listes électorales dressées pour l'année 1870.

Les dimanche et lundi 16 et 17 octobre, il sera procédé, aux termes de la même loi, et sur les mêmes listes, à l'élection des 767 représentants du peuple, moins ceux de l'Algérie et des colonies dont les électeurs seront convoqués dans les délais fixés par l'article 75 de la loi du 15 mars 1849.

Si cette proposition était reconnue juste et était adoptée, la France aurait, le 22 septembre prochain, un chef de l'Etat, président de la République régulièrement élu, avec qui le roi de Prusse pourrait régulièrement traiter.

Il serait regrettable, si elle est possible, que la paix durable proposée par M. Jules Favre échouât sur une question de forme.

En France, les revirements d'opinions sont brusques, aussi brusques que les exigences sont impatientes et les déceptions implacables.

Si le Gouvernement de la défense nationale ne se hâte pas de faire ratifier, par le suffrage universel, la République du 4 septembre et de l'ériger en gouvernement régulier, qui peut dire combien de semaines elle résistera aux attaques dont elle sera l'objet des deux côtés les plus opposés?

Paris, 8 septembre 1870.

EMILE DE GIRARDIN.

» Quoiqu'approuvée par deux ministres, ma proposition n'est pas prise en considération ; la convocation d'une Assemblée constituante lui est préférée.

» La Révolution du 5 septembre 1870 verse donc dans l'ornière où la Révolution du 24 février 1848 est tombée et s'est consumée pendant six mois en efforts stériles !

» Décrétée le 10 septembre, la convocation d'une Assemblée constituante est indéfiniment suspendue par décret du 25 septembre.

» Cette suspension ayant pour effet de perpétuer un état de choses dont l'irrégularité flagrante ne pouvait se prolonger plus longtemps, le jeudi 28 septembre, je reviens à la charge près de la délégation du Gouvernement de la défense nationale à laquelle je remets la note ci-dessous modificatrice de la note ci-dessus :

RÉPUBLIQUE FRANÇAISE

Délégation du Gouvernement de la défense nationale

Considérant qu'il a été reconnu que, dans les circonstances actuelles, l'élection et la réunion d'une Assemblée constituante composée de 767 membres présenteraient des difficultés insurmontables qui en ont fait abandonner la pensée convertie en décret :

Considérant que dans ces circonstances il importe moins encore de délibérer que d'agir;

Considérant que la célérité de l'action exige l'unité du pouvoir;

La délégation du Gouvernement de la défense nationale décrète :

ARTICLE PREMIER.

La Constitution du 14 janvier 1852, révisée le 8 mai 1870, n'existant plus, la Constitution du 4 novembre 1848, *qui prévoit et règle les cas de révision,* revit de plein droit par son antériorité, sa légitimité et sa nécessité.

ARTICLE 2.

La Présidence de la République étant vacante, il sera procédé, les dimanche 9 et lundi 10 octobre, dans toutes les communes de France non cernées par l'étranger à l'élection du président de la République française.

Cette élection aura lieu, aux termes de la loi du 15 mars 1849, sur les listes électorales qui ont été préparées pour les élections nationales qui devaient avoir lieu le 2 octobre.

ARTICLE 3.

Aussitôt que les circonstances le permettront, il sera procédé, également aux termes de la loi du 15 mars 1849, conformément au tableau de répartition déjà publié et sur les mêmes listes que celles indiquées ci-dessus, à l'élection des 767 représentants du Peuple appelés à composer l'Assemblée législative.

Les Membres de la délégation du Gouvernement de la défense nationale.

CRÉMIEUX.
GLAIS-BIZOIN.
FOURICHON.

» Le surlendemain de la remise de cette seconde note les élections générales qui, par un premier décret, avaient été fixées au 16 octobre, puis, par un second décret, au 2 octobre, qui, par un troisième décret, avaient été suspendues indéfiniment, sont, par un quatrième décret, refixées au 16 octobre.

» Que va produire ce quatrième décret?

» Autant il eut été simple d'élire, le dimanche 9 octobre un président de la République, autant il sera compliqué de nommer, le dimanche 16 octobre, au scrutin de liste, 767 représentants du Peuple.

» Qui en douterait ne tarderait pas à s'en convaincre par l'expérience qui va en être faite.

» L'Assemblée constituante ayant été élue le dimanche 16 octobre, quelle salle sera assez vaste, soit à Paris, soit en province, pour contenir les 767 représentants du peuple, et les ministres?

» Combien de temps consacrera-t-elle à la vérification des pouvoirs de ses membres?

» Quel président sera assez exercé pour diriger les débats d'une assemblée si nombreuse et composée, en grande majorité, de députés novices, et passionnés?

» Quel sera l'esprit qui animera cette majorité? Sera-t-elle favorable ou hostile à l'idée républicaine?

» Entre tant de formes diverses de Constitutions, à laquelle les 767 Constituants s'arrêteront-ils? Pousserait-on l'illusion jusqu'à penser que ce choix aura lieu sans les débats les plus vifs et les plus longs? Les bicaméristes et les républicains de l'école américaine insisteront pour deux Chambres; les républicains de l'école révolutionnaire de 1793 tiendront à ce qu'il n'y ait qu'une seule Assemblée comme en 1848. Sur la question de la présidence de la République, la même divergence d'opinions se fera jour à la tribune; trois systèmes au moins seront en présence :

Système américain, le président indépendant du congrès;

» Système Leblond, le président élu par l'Assemblée législative pour un temps fixé;

» Système Grévy, le président nommé, sans durée déterminée, par l'Assemblée législative, conséquemment, toujours révocable par elle, n'étant en réalité que le chef du Cabinet et n'étant pas le chef de l'État.

» Je me borne à indiquer ces trois seules questions; combien d'autres surgiront!

» Et pendant ces débats passionnés, qui feront une diversion funeste à la défense nationale, que deviendra l'invasion prussienne?

» L'élection du président de la République, en vertu de la Constitution *transitoire* du 4 novembre 1848, eût tout simplifié, et n'eût rien compliqué.

» L'élection d'une Assemblée constituante compliquera tout et ne simplifiera rien, pas même la signature de la paix, si des évènements en hâtent la conclusion.

» Ce ne sera qu'après la réunion de cette nouvelle Assemblée constituante qu'on reconnaîtra que j'avais encore vu juste les 3, 8 et 28 septembre, et que ce qu'il fallait se hâter uniquement d'élire, c'était le président de la République.

» Toujours, la voix dans le désert! Aussi, le jour où je prendrai un pseudonyme, signerai-je : Isaïe.

» Tout à vous,

» EMILE DE GIRARDIN. »

III

Tours, le 10 octobre, 1870.

« Mon cher ami,

» Renonçant avec raison à des élections générales impossibles qui devaient avoir lieu, le dimanche 16 octobre, pour la nomination d'une Assemblée constituante car, si elle fut parvenue à se réunir, elle n'eut abouti qu'à constituer la discorde, avant-coureur de la guerre civile, la délégation de Tours, renforcée par l'arrivée en ballon de M. Gambetta, n'a pas osé prendre sur elle d'adopter le décret dont je lui avais remis le projet le 28 septembre [1].

» Ce projet, que vous avez publié le 6 octobre, consistait à faire élire dimanche prochain, non une Assemblé constituante, mais le président de la République, aux termes de la Constitution du 4 novembre 1848, violée le 2 décembre 1851 par son dépositaire.

» A moins d'avoir perdu la raison par l'ivresse du pouvoir, quiconque livre une bataille, si confiant qu'il soit dans la victoire, doit admettre la défaite. Il faut donc prévoir le cas où, soit par la longueur du siège, soit par l'audace heureuse d'une surprise, Paris serait contraint, comme Strasbourg, de capituler et de subir la loi du vainqueur. L'avantage de mon projet de décret, s'il eut été adopté, comme la prévoyance exigeait qu'il le fût, c'est qu'il plaçait en présence du roi de Prusse et du comte de Bismark, une partie contractante dont les pouvoirs étaient aussi indiscutables qu'est incontestable l'antériorité de la Constitution du 14 janvier 1852, révisée le 8 mai 1870; c'est qu'il supprimait toute discussion sur l'acte du 4 septembre, lequel est injustifiable à quelque point de vue qu'on se place. Ce qui avait fait la légitimité de la Révolution du 24 février, c'est qu'elle avait remplacé le cens électoral par le suffrage universel; mais quel est le principe supérieur que lui a substitué la Révolution du 4 septembre? Devant la Constitution du 14 janvier 1852, c'est la Constitution du 4 novembre 1848 qui est légitime; mais, devant l'invasion du 4 septembre 1870, les rôles changent : c'est la Constitution du 14 janvier 1852, consacrée par les plébiscites du 21 novembre 1852 et 8 mai 1870, qui est debout, à moins de nier la souveraineté du suffrage universel, expression du droit national.

» Il ne faut pas persister à s'abuser! Lorsque le jour sera venu de débattre et de conclure les conditions de

[1] Voir plus haut, page 33.

la signature de la paix entre la France et la Prusse, le comte de Bismark qui est un logicien rigoureux plus encore qu'un diplomate habile, commencera par exiger que l'autre partie contractante justifie de ses qualités et lui donne une garantie sérieuse que les engagements qu'elle aura subis seront ponctuellement tenus. Il l'a déjà dit, il le répétera.

» Il existe deux droits rivaux : le droit monarchique divinisé que représentent le roi Guillaume et le comte de Chambord, et le droit national que représentaient la République et la Constitution de 1848, droit qu'avaient faussé l'Empire et la Constitution de 1852, mais sans porter aucune atteinte à la souveraineté du suffrage universel.

» Le comte de Bismark ne manquera pas d'invoquer l'un de ces deux droits; il ne sera pas exclusif mais il sera conséquent ; il interpellera en ces termes le négociateur : « Qui représentez-vous? Est-ce le droit divin? Est-ce le droit républicain? Est-ce le droit mixte? Est-ce le roi Henri V? Est-ce la nation rentrée en pleine possession d'elle-même, et traitant régulièrement? Est-ce l'empereur Napoléon III ou, en cas d'abdication, son héritier? Si vous n'êtes la représentation fidèle, ni du droit divin, ni du droit républicain, ni du droit mixte, si vous ne représentez qu'un accès d'indignation, de douleur et de colère; mais comme le même accès pourrait, après mon départ, se renouveler contre moi, j'attendrai à Paris, que l'armée prussienne continuera à occuper et à gouverner, en 1870, du même droit que l'armée française occupa et gouverna Berlin, en 1807, j'attendrai à Paris que la France ait un gouvernement qui soit en mesure de l'engager valablement. »

» Ce qui précède est le résumé tiré au clair de ce qui est au fond de toutes les circulaires de M. le comte de Bismark. Aussi ce qui m'étonne, c'est que le Gouvernement de la défense nationale, qui compte parmi ses membres des hommes de droit aussi éminents que MM. Crémieux, Jules Favre, Gambetta, des esprits aussi lucides que M. Ernest Picard, des publicistes aussi profonds que M. Eugène Pelletan, n'y ait pas donné sa plus sérieuse attention. Pour passer outre sans s'y arrêter il faut qu'ils n'aient pas le plus léger doute qu'ils finiront par remporter la victoire décisive. Moi aussi, j'en ai l'espoir et le pressentiment, mais l'armateur qui met un navire à la mer avec l'espérance d'une heureuse traversée et d'un heureux retour, ne se dispense pas néanmoins de l'assurer contre le risque du naufrage.

» Assurer c'est prévoir, et prévoir c'est raisonner. Je ne fais ici qu'imiter l'armateur.

» Des hommes considérables du parti républicain, auxquels j'exposais les questions que je viens de soumettre aux méditations de vos lecteurs, m'ont fait cette réponse : « Si, contre son attente, le Gouvernement de la défense nationale succombait à l'œuvre, et que le roi de Prusse ne voulût pas traiter avec la République du 4 septembre, eh bien! alors il traiterait avec celui des princes d'Orléans qui représente la dynastie de 1830. Nous savons qu'ils se tiennent prêts pour cette éventualité. » Je crois que c'est là une erreur. J'ignore si la dynastie d'Orléans, détronée par la République, se prépare à lui succéder; mais, s'il en était ainsi, ce serait, de la part des princes contre la proscription desquels je n'ai cessé de protester, une faute que leur épargnera le comte de Bismark. Il n'admettra, la logique me le certifie, que l'option entre le droit divin, le droit républicain ou le droit mixte.

» Il faudrait être aveugle pour ne pas voir que c'est vers ce dernier qu'il incline, que c'est ce dernier qui a ses préférences, parce que sans doute il suppose que ce sera de lui qu'il aura les meilleures conditions, le plus avantageux traité.

» Comment les membres du Gouvernement de la défense nationale qui ont proclamé la déchéance impériale peuvent-ils s'endormir dans l'illusion d'où ils seront réveillés en sursaut? Comment ne se sont-ils pas hâtés, comment ne se hâtent-ils pas encore de se prémunir contre l'inexorable logique du Richelieu prussien? Ils en avaient le moyen entre les mains, c'était de faire revivre la Constitution du 4 novembre 1848, d'en respecter scrupuleusement, superstitieusement le texte et d'appeler le suffrage universel à défaire régulièrement l'Empire qu'il avait ratifié, en refaisant la République à laquelle il devait la naissance.

» Jusqu'à ce que le suffrage universel ait élu un président de la République, Napoléon III reste, de par le suffrage universel, l'empereur des français.

» C'est ce que soutiendra le comte de Bismark, qui a grand soin de faire traiter en souverain régnant le prisonnier du roi de Prusse ; il ne prend pas la peine de déguiser sa pensée et ses projets. En homme sûr de gagner la partie, il a joué cartes sur table.

» Quelle a été l'objection qui a fait écarter ma proposition d'élire, dimanche et lundi prochains 16 et 17 octobre, le président de la République ? — Une objection irréfléchie ; celle-ci : l'élection du président de la République par le suffrage universel allumerait la guerre civile à Paris, à Lyon, à Marseille, à Toulouse.. » A cette objection sans valeur, voici la réponse que j'ai faite : « Si les républicains n'ont pas une idée commune, un principe supérieur auquel ils subordonnent toutes leurs dissidences intestines, la guerre civile, un peu plus tôt, un peu plus tard, est inévitable : que gagnera-t-on à l'ajourner ? Ne vaut-il pas mieux qu'elle éclate, quand les dépositaires des pouvoirs publics ont de leur côté la prévoyance et la raison dans tout l'éclat de son évidence, qu'après avoir attendu que cette évidence soit entourée de nuages qui la voilent ? S'il est possible d'éviter la guerre civile, il faut l'éviter à tout prix, mais si elle est fatale, il ne reste plus qu'à choisir le terrain et le moment où elle sera la plus courte et la moins funeste. »

» Le terrain et le moment que j'ai indiqués étaient-ils les plus propices ? Toute la question est là.

» Le suffrage universel eût prononcé, et puisant ses inspirations dans la gravité des circonstances, il eût élu le candidat qui lui eût paru le plus apte, soit à vaincre l'envahisseur, soit à négocier avec lui, soit à assurer à la France le concours de toute la démocratie européenne.

» L'unité du pouvoir exécutif, refaite par le suffrage universel, eût eu ce grand avantage, qu'elle eût permis à l'élu du 17 octobre, quel qu'il fût, de faire sortir le Gouvernement du cercle étroit où le 4 septembre l'a enfermé, et qui lui a mérité ce facheux surnom : *la République exclusive.*

» Je termine ma lettre par cette question :

» Après tant de désastres, comment la France échappera-elle aux nouveaux désastres qui la menacent encore ; en tous cas, comment les réparera-t-elle, si les hommes qui tiennent entre leurs mains ses destinées, repoussent les concours les plus désintéressés et les épées les plus vaillantes ?

» Tout à vous.

» ÉMILE DE GIRARDIN. »

LETTRES AU COMTE DE BISMARK

I

« Tours, le 17 octobre 1870.

« Monsieur le Comte,

« En janvier 1867, réunissant en volume les articles que j'avais écrits sous la dictée des évènements de 1866, je publiais en tête de ce volume intitulé : LE SUCCÈS, *Questions de mon temps,* et en forme de dédicace, une lettre qui vous était adressée et de laquelle je détache ce paragraphe :

» L'histoire a toujours été éprise du succès. et elle n'a pas cessé de l'être, quoi qu'elle soit vieille. Ce que vous avez fait, elle le glorifiera. Elle vous placera, en Prusse. au même rang qu'elle a placé, en France, le cardinal de Richelieu, et, en Italie, le comte de Cavour.

» Je ne serai pas plus sévère que l'histoire. »

» C'est de cette lettre que je m'autorise pour vous en adresser une seconde qui sera aussi exempte de lieux-communs que la première, et marquée du sceau de la même impartialité ; dût cette impartialité m'exposer aux accusations les plus hypocrites et les moins fondées.

» La guerre de 1866, que vous n'eussiez pas entreprise si la France ne l'eût pas permis, en fermant complaisamment les yeux sur votre alliance avec le gouvernement italien, qu'il dépendait d'elle d'empêcher, la guerre de 1866, si elle ne se justifiait point par ses moyens, se justifiait par son but.

» Les 196 séances, de l'*Assemblée nationale constituante de l'Allemagne*, tenues à Francfort en mars 1849 attestent que les divers Etats allemands aspiraient depuis longues années à s'unifier.

» Vous avez été l'homme d'État de l'unité germanique, comme le comte de Cavour avait été l'homme d'Etat de l'unité italienne, comme M. Drouyn de Lhuys a failli être, par raccroc, le 5 juillet 1866, l'homme d'Etat de l'unité géographique de la France. Décidément, M. Rouher aura été l'homme funeste, l'homme fatal du pays et du Gouvernement dont il fut le premier ministre ; ce qui prouve, une fois de plus, qu'en politique les expédients et les mensonges n'aboutissent jamais qu'à empirer les situations et qu'à accroître les complications.

» La guerre de 1870 ne se justifie ni par ses moyens ni par son but. Si considérables, si invraisemblables que soient les succès remportés par l'armée prussienne sur l'armée française, cette guerre n'en demeurera pas moins une faute qui fera tache sur votre mémoire de grand ministre, monsieur le comte, car on pouvait jeter des ponts sur le Rhin coulant entre deux rives hérissées de forteresses ; mais cela ne sera pas possible sur le fleuve de sang qui coulera désormais entre l'Allemagne et la France, deux nations hérissées de haines. Qu'aurez vous fait ?

» Vous pouviez rendre votre œuvre de 1866 inattaquable et indestructible par la triple alliance de ces trois grandes unités géographiques : l'Allemagne, la France, l'Italie, représentant ensemble plus de cent millions d'habitants, et en possession d'un immense littoral, avec les ports les plus vastes et les mieux situés sur l'Océan, la mer du Nord, la mer Baltique, la mer Adriatique et la Méditerranée. Cet œuvre, vous l'aurez rendue précaire, car, prissiez-vous à la Fraece l'Alsace et la Lorraine, comme vous avez pris au Danemark le Holstein et le Schleswig ; brûlassiez-vous Paris comme vous avez brûlé Strasbourg, et nous imposâssiez-vous la contribution de guerre la plus exagérée, que vous ne parviendriez qu'à rendre la soif de la vengeance plus inextinguible et la revanche plus immanquable. 1814 et 1815 vous ont vengé de 1806 et de 1807, mais comme la victoire n'a jamais dit : « C'est assez ! » une guerre que vous pousserez trop loin nous vengera, car, en vous donnant les envieux pour ennemis, elle nous les donnera pour alliés. Ce seront vos mains teintes de sang qui trameront et noueront la coalition sous laquelle vous expierez vos crimes de lèse-civilisation. Vous avez pu dévaster un pays tel que la France, mais il n'est pas en votre pouvoir de le détruire. Un peuple de trente-huit millions d'habitants peut perdre, par le massacre et le démembrement, deux millions d'hommes, sans peser sensiblement moins dans les balances du continent dont il concourt à former l'équilibre. Peut-être même, et je l'espère fermement, n'aurez-vous réussi qu'à le fortifier en l'arrachant à la mollesse, à la paresse, à l'insouciance qui l'affaiblissaient. La leçon que vous lui avez donnée a été trop rude et lui aura coûté trop cher pour qu'il n'en profite pas et ne se mette point énergiquement à l'étude et au travail avec toutes les heureuses facultés dont l'éclat qu'il a jeté, dans l'histoire, atteste qu'il est amplement doué.

» Avec votre esprit de décision, alliant indissolublement la France et l'Italie à la Prusse, les associant à votre pensée, ce qui eut triplé vos forces, vous pouviez, peut-être sans guerre, faire de l'Allemagne une puissance maritimement aussi grande, plus grande encore que territorialement, car vous étiez le maître de l'Europe. De l'aveu de tous les gouvernements et de tous les peuples, de tous les hommes de guerre et de tous les hommes de paix, elle est mal équilibrée, elle est mal partagée, ce qui est une cause permanente d'instabilité, et ce qui nécessite des armées de plus en plus considérables, de plus en plus ruineuses. L'équité présidant au partage, vous pouviez, avec ou sans le concours de la force, en régler si correctement l'équilibre que le désarmement européen, cessant d'être un rêve, devînt votre œuvre et immortalisât votre nom. J'ai toujours présent à la mémoire cette judicieuse pensée de Malesherbes le digne ami de Turgot : « On ferait beaucoup plus de grandes choses si l'on en croyait moins d'impossibles. » Quelle plus grande chose que l'extinction de tout motif de guerre intestine entre États d'Europe, et que la fondation de l'Unité Européenne faisant pendant et équilibre à l'Union américaine ! Dans ce remaniement européen ayant pour axe la liberté des mers, ce que l'Allemagne y eût gagné relativemeut à la France et à l'Italie eut été considérable ; donc, l'Allemagne avait tout intérêt à l'opérer, mais comme ce remaniement eut été dicté par la nature des choses et non par l'arbitraire, la France et l'Italie n'en auraient eu aucun à l'empêcher. Que d'impérieuses réformes fiscales, financières, économiques, sociales, imprudemment ajournées, le désarmement de l'Europe eût permis d'entreprendre et d'accomplir, ce qui eût enlevé ses causes légitimes à la révolution expectante ! Plus de causes, pas d'effets.

» Au lieu de lever les yeux sur l'avenir et l'Europe, vous les avez abaissés sur le passé et sur la Prusse. Vous aurez été la guerre avec tous ses désastres, avec tous ses excès, avec toutes ses impudicités, — femmes violées devant leurs maris, filles devant leurs pères, sœurs devant leurs frères liés aux pieds et aux mains, enfants égorgés au berceau, hommes fouettés pour avoir courageusement accompli le premier devoir du citoyen, qui est de défendre sa patrie ; maisons pillées, villes saccagées, bibliothèques précieuses incendiées, lorsque vous auriez pu être la paix avec tous ses progrès, avec tous ses bienfaits !

» Ne mentez pas inutilement, Monsieur le comte! cessez de répéter faussement que c'est la France qui a voulu la guerre, tandis que c'est la Prusse qui la voulait ; oui, c'est la France qui l'a déclarée, mais c'est la Prusse qui l'a préparée. C'est vous qui avez cherché toutes les occasions, tous les prétextes de la faire naître entre la France et la Prusse, comme vous y aviez réussi, en 1864, entre la Prusse et le Danemark, et, en 1866, entre la Prusse et l'Autriche, votre complice de la veille.

» J'invoque toutes les puissances neutres et je pose à leurs plénipotentiaires, ces simples questions : — Est-ce que la France, si elle eût été hostile à la Prusse, eut laissé échapper l'occasion que vous lui avez offerte de vous faire la guerre, cette fois en compagnie de la Grande-Bretagne, de la Russie et de la Suède, le jour où vous avez mis, sous le talon de votre botte éperonnée, sa signature, la vôtre et celle des quatre autres puissances, apposées au bas du traité de Londres, en date du 8 mai 1852, qui garantissait l'intégrité du Danemark, dont le roi a marié deux de ses filles, l'une à l'un des fils de la reine de la Grande-Bretagne, héritier de la couronne d'Angleterre, l'autre au fils aîné de l'empereur de Russie ? Est-ce que la France, si elle eût été hostile à la Prusse, fut restée inattentive en 1866 ? Et, en admettant qu'à cette époque elle fût empêchée par son occupation du Mexique, est-ce qu'il ne dépendait pas absolument d'elle de retarder la guerre, qui était votre idée fixe, attestée par votre diplomatie errante sur la plage de Biarritz, puisqu'il nous eût suffi, pour que l'Italie s'abstînt, de lui dire un seul mot, et, enfin si cela eut été nécessaire, de promettre hautement à l'Autriche un concours éventuel ?

» Ah ! s'il est un reproche que la France soit en droit d'adresser au gouvernement qui s'était imposé à elle, le 2 décembre, par un coup d'État nocturne, c'est le reproche contraire à celui d'hostilité contre l'Allemagne ! Méconnaissant ce précepte de Machiavel : « le prince qui en rend un autre puissant travaille à sa ruine, » est-ce qu'en toute circonstance, le gouvernement français ne s'est pas montré aussi sympathique à l'unité de l'Allemagne qu'il l'avait été à l'unité de l'Italie, allant jusqu'à ériger ses sympathies en théorie restée célèbre sous ce titre : « Les grandes agglomérations ? » La déclaration qui a paru le 10 janvier 1859 dans le *Moniteur universel* ; le discours impérial du 12 janvier 1863 à l'ouverture de la session législative ; la dépêche du 28 janvier 1864 lue par le prince de la Tour d'Auvergne au comte Russell et analysée par ce dernier dans sa dépêche du 30 janvier 1864 à lord Cowley ; la lettre solennelle du 11 juin 1866 adressée par l'Empereur à M. Drouyn de Lhuys et lue à la tribune du Corps législatif par M. Rouher, ministre d'État ; le billet confidentiel de l'Empereur écrit le 12 août 1866 au marquis de La Valette et enfin la célèbre circulaire en date du 16 septembre signée par ce dernier en qualité de ministre des affaires étrangères par *intérim* sont là pour l'attester (E). Eh ! bien, quel compte le gouvernement prussien lui a-t-il tenu de cette sympathie sans réciprocité que l'histoire, d'accord avec Machiavel, qualifiera autrement, car l'unification de l'Allemagne est une faute qui pèsera aussi lourdement sur la mémoire de l'empereur Napoléon III, que le partage de la Pologne sur la mémoire du roi Louis XV ?

» A peine le gouvernement prussien venait-il de remporter la victoire de Sadowa et de rédiger à Nikolsbourg les préliminaires de la paix, qu'avant même d'avoir signé le traité de Prague, conclusion définitive de la paix, il se hâtait de conclure, les 17 et 22 août 1866, avec le grand-duc de Bade, son gendre, et le

(E) Voir à l'*Appendice* les six pièces ci-dessus rappelées.

roi de Bavière, des conventions militaires dirigées contre la France, donnant ainsi raison à cette lettre de la reine de Hollande, écrite le 13 juillet 1866 à son cousin l'empereur des Français, et livrée à la publicité parmi les pièces trouvées aux Tuileries après le 4 septembre :

« Vous vous faites d'étranges illusions! Votre prestige a plus diminué dans cette dernière quinzaine qu'il n'a diminué pendant la durée du règne. Vous permettez de détruire les faibles; vous laissez grandir outre mesure l'insolence et la brutalité de votre plus proche voisin; vous acceptez un cadeau, et vous ne savez pas même adresser une bonne parole à celui qui vous le fait. Je regrette que vous me croyez intéressée à la question et que vous ne voyiez pas le funeste danger d'UNE puissance Allemagne et d'UNE puissance Italie. C'est la *dynastie* qui est menacée, et c'est elle qui en subira les suites. Je le dis parce que telle est la vérité que vous reconnaîtrez trop tard,

» Ne croyez pas que le malheur qui m'accable dans le désastre de ma patrie me rende injuste ou méfiante. La Vénétie cédée, il fallait secourir l'Autriche, marcher sur le Rhin, imposer vos conditions !

» Laisser égorger l'Autriche c'est plus qu'un crime, c'est une faute. Peut-être est-ce ma dernière lettre. Cependant je croirais manquer à une ancienne et sérieuse amitié, si je ne disais une dernière fois toute la vérité.

» Je ne pense pas qu'elle soit écoutée, mais je veux pouvoir me répéter un jour que j'ai tout fait pour prévenir la ruine de ce qui m'avait inspiré tant de foi et tant d'affection. »

» Fille d'un roi de Wurtemberg, la reine de Hollande ne l'oubliait pas.

» Cette mémorable lettre, écrite en 1866, dont les évènements ont justifié les prévisions, d'accord avec les miennes, fera pendant dans l'histoire à cette célèbre lettre écrite en 1778 par l'impératrice Marie-Thérèse d'Autriche :

« Chacun sait quel cas on peut faire du roi de Prusse et de sa parole. La France l'a appris dans bien des circonstances; aucun prince d'Europe n'a échappé à ses perfidies, et c'est un tel roi qui s'est érigé en dictateur, en protecteur de l'Allemagne! Mais le plus étonnant, c'est que toutes les puissances ne songent point à se donner la main pour éloigner un pareil malheur, qui doit tôt ou tard retomber sur elles. Depuis trente-sept ans, cet homme, avec sa monarchie et son despotisme militaire, avec ses méfaits et sa violence, est le véritable fléau de l'Europe. Il s'est départi de tous les principes reconnus du droit et de la vérité; il se rit des traités et des alliances.

» C'est nous qui sommes les plus exposés à ses coups, et l'on nous abandonne! Nous nous en tirerons pourtant encore cette fois tant bien que mal.

» Je ne parle point pour l'Autriche en particulier; ce que je dis s'adresse à toutes les puissances de l'Europe.

» L'avenir ne me semble pas riant. Ma vie ne se prolongera pas jusque-là; seuls, mes enfants et mes arrière-neveux, notre sainte religion et mon cher peuple, auront à subir de tristes épreuves. Nous sentons nous même déjà les premières atteintes de ce despotisme insolent, mais plein de force, qui ne connaît d'autre règle, d'autre mobile que son intérêt. *Si on laisse cette politique prussienne gagner encore du terrain, quelle perspective s'offrira à ceux qui viendront après nous? Car il ne faut pas se faire illusion, ce système grandit tous les jours....*

» Qu'on ne se laisse point tromper par les flatteries de la politique prussienne. Le roi vous cajole pour atteindre son but; mais dès qu'il y aura réussi, il s'empressera de faire le contraire de ce qu'il aura promis. C'est ainsi qu'il agit avec tout le monde excepté avec la seule puissance qu'il redoute, c'est-à-dire la Russie.

» Il ne faut plus songer aux vieux préjugés qui devraient être ensevelis depuis longtemps, à cette ancienne rivalité entre nous et la France. Il s'agit maintenant de nos biens les plus précieux, de nos intérêts les plus chers. *Nous serons renversés, écrasés l'un après l'autre, si nous ne nous unissons dans la défense.*

» La fortune de la Prusse serait-elle si opiniâtre que ces deux lumineuses lettres de deux souveraines trouveront les yeux de l'Europe aussi fermés après 1870, que l'ont été ceux de la France avant 1866?

» La politique, surtout celle d'un petit État, lorsqu'il a à sa tête un grand monarque ou un grand ministre, consiste à guetter les fautes que commet le rival ou le voisin pour en profiter. Aussi le reproche que je vous adresse, Monsieur le comte, n'est-il pas d'avoir profité des fautes que le gouvernement français a commises, et manqué envers lui de gratitude ; le reproche que je vous adresse, c'est de n'avoir été que l'homme de votre pays, quand vous eussiez pu être, doublement, l'homme de votre pays et de votre temps ; c'est enfin de n'avoir été qu'un demi-homme d'état, quand vous eussiez pu cumuler la gloire de Robert Peel avec celle de Richelieu.

» Pour qu'il en fut ainsi, qu'aviez vous à faire? Dompter l'obstination du roi Guillaume était difficile, je le sais, mais la séduire ne l'était pas. Quand vous lui eussiez bien fait toucher au doigt que la possession de la rive gauche du Rhin, nécessaire, absolument nécessaire, plus nécessaire que jamais à la sécurité de la France, — ayant à son unité géographique le même droit que l'Allemagne, le même droit que l'Italie, — n'importait pas à la puissance de la Prusse, tandis que le partage avec nous de la Hollande et la revendication par le cabinet de Berlin du port de Trieste, à titre d'ancien port de la Confédération germanique, ouvriraient à l'activité de la laborieuse et studieuse Allemagne, à son industrie, à son commerce, d'immenses débouchés, il eût signé les traités qui eussent médiatisé le roi de Hollande et le roi des Belges, sans plus de scrupules qu'il n'en a eus lorsqu'il s'est agi de détrôner le roi de Hanovre et de vassaliser le roi de Saxe qu'il tutoie fraternellement et qui, s'il n'a pas été détrôné tout à fait, l'a dû à la prompte et énergique intervention de la France. Comme le roi Jean s'en est bien souvenu en 1870! La même reconnaissance nous a été gardée par son bon frère le roi de Bavière! Aussi, en politique, serai-je, plus que jamais, de l'école de la logique, et, moins que jamais, de l'école du sentiment.

» Quand on ne veut pas les moyens, il ne faut pas en vouloir la fin. Ayant toujours voulu et persistant à vouloir, dans l'intérêt des peuples, le désarmement européen, sans lequel ils resteront, à perpétuité, écrasés sous le poids de l'impôt, et sous le poids, plus lourd encore de l'instabilité, les considérations personnelles, si j'eusse été appelé à l'honneur de faire votre partie, ne m'auraient pas arrêté plus que vous, d'autant moins qu'il est des accommodements avec les souverains mis en disponibilité : ce sont les compensations pécuniaires et les vacances de trônes. Est-ce que, par exemple, l'Espagne catholique demandant un roi, n'eût pas été très-empressée d'offrir au roi des Belges la couronne de Charles-Quint, en remplacement de celle de Léopold 1er ? Le tour du roi de Hollande n'eût pas manqué de venir. En tous cas, il n'eût pas été plus à plaindre que le roi de Hanovre, exproprié par vous pour cause d'utilité germanique.

» Avec le développement qu'ont pris l'industrie et le commerce des nations, le temps des États qui ne sont que des enclaves est passé. Il n'y a plus réellement d'États que ceux qui possèdent sur la mer tous les accès qui leur sont indispensables pour s'approvisionner des matières premières et des denrées qui leur manquent, et pour écouler les produits qui excèdent leur consommation. La paix ne règnera, imperturbablement, en Europe que lorsque chacun des États qui auront continué de la composer, sera en pleine possession de cette double faculté d'importation et d'exportation stimulée par la pleine liberté des mers, laquelle implique nécessairement la neutralisation de tous les détroits et l'abolition de toutes les distinctions arbitraires entre les mers ouvertes et les mers fermées. Plus de mers barrées, pas plus par l'Angleterre que par le Danemark ou la Turquie.

» Si cette politique du bon-sens, sur laquelle j'appelle infructueusement, depuis trente ans l'attention de tous les ministres qui se sont succédés au pouvoir, depuis M. Guizot jusqu'à M. Rouher, eût été mise sérieusement à l'étude, l'horrible vue de montagnes de cadavres, de rivières de sang, de villes incendiées, de campagnes ravagées, de chefs-d'œuvre détruits, n'attristerait pas, en 1870, tous les regards, moins les vôtres, car choses et événements eussent pris l'essor opposé.

Si la guerre n'eût pas été entièrement éteinte, elle ne se fût rallumée qu'exceptionnellement, soufflée par un grand intérêt de civilisation menacée, lequel n'eût détourné un moment la paix de son cours, que pour en creuser le lit plus profondément.

» Même après la capitulation de Sédan, il faut être juste pour l'empereur, qui a régné sur la France de 1852 à 1870, pendant dix-huit ans; il faut reconnaître que, s'il est vrai qu'il ne soit pas entré, assez résolument, dans la voie qu'avait tracé sa lettre du 4 novembre 1863 à tous les souverains de l'Europe, pour en faire l'inauguration d'une politique nouvelle, du moins on ne saurait lui reprocher d'avoir manqué de modération et blessé l'humanité et la civilisation dans la guerre de 1854 contre la Russie, et dans la guerre de 1859 contre l'Autriche ; guerres irréfléchies, guerres inconséquentes, guerres inconsidérées, entreprises sans vue d'ensemble, sans suite dans les idées, mais guerres exemptes de tous excès, de toutes cruautés, de toute passion, de toute ivresse de la victoire.

» La France et le dépositaire de sa souveraineté, avaient fait la guerre à l'Autriche, en faveur de l'Italie ; mais le jour où l'Autriche, menacée sous les murs de sa capitale par la Prusse victorieuse à Sadowa, fit appel à leur intervention, à leur médiation, est-ce que la réponse se fit attendre ? (1) Est-ce qu'elle n'eût pas lieu à l'instant même, avec la rapidité du télégraphe

(1) MANIFESTE DE L'EMPEREUR D'AUTRICHE

A mes peuples,

Je me suis adressé à l'Empereur des Français pour un armistice en Italie. J'ai trouvé en lui non-seulement l'accueil le plus empressé; mais *il s'est offert spontanément, avec la noble intention de prévenir une effusion de sang ultérieure, comme médiateur d'un armistice avec la Prusse et de négociations préliminaires pour la paix.*

J'ai accepté cette offre ; je suis prêt à la paix dans des conditions honorables, pour metre fin à l'effusion du sang et aux ravages de la guerre.

... Donné dans ma résidence et capitale de Vienne, le 10 juillet, 1866.

FRANÇOIS-JOSEPH.

électrique? Est-ce que, laissant l'Autriche plongée dans toutes les afflictions de la défaite, dans toutes les angoisses d'un siége, la France et son gouvernement perdirent un temps précieux à demander aux autres puissances neutres l'autorisation d'intervenir? La différence entre la conduite tenue par la France en 1866, et la conduite tenue par l'Autriche en 1870, les circonstances étant pareilles, n'est pas chose intempestive à faire remarquer. Elle confirme la vérité de cet axiôme, qu'en politique, le véritable homme d'État ne doit avoir d'autre règle et d'autre but que l'intérêt des peuples, et le progrès de la civilisation.

» Ces derniers mots me font souvenir, Monsieur le Comte, que j'ai sous les yeux votre réponse du 10 octobre courant à lord Lyons, communiquée à toutes les puissances neutres; comment, en l'écrivant, l'horreur et le remords, n'ont-ils pas arrêté votre main devant cette épouvantable énumération d'atrocités et de calamités s'appesantissant sur deux millions d'habitants qui donnent au monde le plus admirable spectacle d'héroïsme?

» Cette réponse, j'ose vous le dire, demeurera dans l'histoire comme le monument de barbarie le plus colossal qu'elle ait jamais vu élever; vous l'appelez un *memorandum*, je l'appelle un anachronisme en retard de quatorze siècles. Il devrait être daté de 470.

» La réfutation nécessaire de ce *memorandum* et de vos précédentes circulaires en date de Rheims le 13 septembre, de Meaux le 16 septembre, et de Ferrières les 27 septembre, 1er et 10 octobre, exigent des développements que je ne saurais écourter, vous aurez l'extrême bonne grâce de permettre que cette première lettre soit seulement la préface de la seconde qui ne se fera pas attendre.

» J'ai l'honneur d'être, Monsieur le comte,

» de votre Excellence,

» le très-humble et très obéissant serviteur,

» EMILE DE GIRARDIN. »

II

» Tours, 18 octobre 1870.

Monsieur le Comte,

» Dans votre *memorandum* du 10 octobre 1870, communiqué à toutes les puissances neutres, vous accusez la France « de se livrer à une lutte à outrance qui » rendra presqu'inévitable *l'anéantissement de tout » son système social;* » vous annoncez aux habitants de Paris que « la conséquence du siége, c'est qu'ils » mourront de faim par *centaines de mille*, attendu » l'impossibilité d'approvisionner une population de » près de deux millions d'habitants, pendant un seul » jour. »

» Vous étant rendu compte de telles extrémités, comment n'avez-vous pas reculé devant elles, après la démarche faite par M. Jules Favre, ministre des affaires étrangères de France, allant, en cette qualité, vous trouver, le 18 septembre, à Haute-Maison, et vous offrir « une transaction honorable? » Ce sont les termes de sa première lettre.

» Quoiqu'en réalité, la France n'ait eu d'autre tort que de se jeter tête baissée dans le piége que vous lui aviez tendu, elle était prête, le 18 septembre, après la capitulation de Sédan, à vous payer une contribution de guerre considérable, « tout l'argent que nous avons » ; elle vous le proposait, ce qui était une immense et double satisfaction : satisfaction pécuniaire pour votre trésor public, et satisfaction morale pour votre orgueil national. Vous en êtes-vous contenté? Non, vous l'avez rejetée comme insuffisante, demandant, comme en 1866, « que l'Allemagne fut protégée par » des frontières meilleures que celles d'aujourd'hui ; » en termes plus précis, vous demandiez le démembrement de la France, car vous exigiez Strasbourg et Metz, l'Alsace et la Lorraine, définies par vous, « une

» diminution du territoire français, égale à peu près à
» l'agrandissement de ce territoire par l'annexion de
» la Savoie et de Nice. »

» Pour que vous fussiez fondé à imposer à la France cette diminution territoriale. — j'écarte, vous le voyez, le grand mot d'humiliation, — de quels torts s'était-elle rendue coupable envers le gouvernement prussien? D'aucun, Monsieur le Comte, d'aucun.

» Après la parole d'honneur, donnée en 1869 à M. Benedetti, notre ambassadeur, par le cabinet de Berlin, que la candidature du prince Léopold de Hohenzollern, au trône d'Espagne, n'aurait aucune suite, aucun effet, est-ce que cette candidature, persistant ou se reproduisant ténébreusement en 1870, ne constituait pas envers la France un défi ou tout au moins un mauvais procédé, dont elle avait le droit d'être blessée, et contre le retour duquel elle était fondée à demander la garantie formelle de la parole du roi, en sa qualité de chef souverain de sa famille?

» Demande instante;

» Refus de la part de la Prusse;

» Déclaration de guerre de la part de la France.

» De quel côté est le premier tort? Est-il du côté de la France? N'est-il pas du côté de la Prusse?

» Le nier, ce serait nier l'évidence.

» Ce tort, du côté de la Prusse, est d'autant plus grand, qu'elle devait à la neutralité, je dis le mot, à la complicité de la France, d'avoir pu, en 1866, s'emparer de l'admirable port de Kiel, clef de deux mers, objet de toutes ses convoitises, et véritable fond de la question du Holstein; s'approprier le Holstein, le Schleswig, le Lauenbourg, le Hanovre, la Hesse, le Nassau et Francfort, sous prétexte de « *rectification de frontières.* »

» N'était-il pas tout simple qu'une si grande et si prompte ingratitude éveillât les susceptibilités et les défiances de la France, déjà blessée et menacée au cœur par les traités occultes des 17 et 22 août 1866, conclus avec le grand duché de Bade, le royaume de

Bavière et, plus tard, avec le royaume de Wurtemberg ?

» Si ces traités et si la candidature Hohenzollern ne recelaient aucune hostilité contre la France, pourquoi les lui avoir cachés ? Pourquoi ne s'en être pas ouvert à elle, avec la même franchise que vous aviez apporté dans vos entretiens de Biarritz ?

» Lorsque, dans votre circulaire datée de Rheims, 13 septembre 1870, vous parlez des « *convoitises françaises* » ; lorsque, dans votre circulaire datée de Meaux, 16 septembre, vous osez dire que la nation française seule a provoqué la guerre, vous mentez, Monsieur le Comte ; vous mentez comme vous mentiez, le 1er décembre 1863, lorsqu'au sujet de la question du Schleswig-Holstein vous faisiez à l'Europe cette déclaration solennelle et textuelle : « La position de la » Prusse est réglée en premier lieu par le traité de » Londres de 1852. On peut regretter qu'il ait été signé; » mais il l'a été, et L'HONNEUR, comme la prudence » commande que nous ne laissions subsister aucun » doute sur NOTRE FIDÉLITÉ A OBSERVER LES TRAITÉS. » Cette déclaration vous la rétractiez cinq mois après, le 15 mai 1864, en ces termes : « Le gouvernement du roi » ne peut plus d'aucune façon, se croire lié aux obli- » gations qu'il avait contractées, le 8 mai 1852, sous » d'autres présuppositions. »

» Vous mentez, Monsieur le Comte, vous mentez comme vous mentiez, le 2 avril 1866, lorsqu'après avoir enlevé au Danemark, dont l'intégrité avait été garantie le 8 mai 1852, par l'Autriche, la France, la Grande-Bretagne, la Prusse, la Russie et la Suède, le port de Kiel et les duchés de l'Elbe, conjointement avec l'Autriche, interprétant abusivement l'article 1er du traité de Gastein [1], vous accusiez votre aveugle complice

[1] *Traité de Gastein.*

Art. 1er. L'exercice des droits acquis en commun par les hautes parties contractantes. en vertu de l'article 3 du traité du 30 octobre 1864, passera, sans préjudice de la persistance de ces droits des deux puissances, à la totalité des deux duchés, *pour le duché de*

« de tendre à livrer, de fait, au prince d'Augustembourg, sans le consentement de la Prusse, le Holstein, qui appartient à S. M. le roi de Prusse, en » *commun* avec S. M. l'empereur d'Autriche » ; et qu'à cette première accusation, vous ajoutiez celle « d'avoir » dirigé des troupes nombreuses avec de l'artillerie et » d'autre matériel de guerre des provinces orientales » et méridionales autrichiennes vers le nord et l'ouest » de la frontière prussienne. » Ce qui était une accusation d'une insigne fausseté.

» Quelle foi, Monsieur le comte, voudriez-vous qu'on eût dans votre parole et dans vos déclarations, quand on voit le cas que vous-même en faites ?

» La preuve qui suit, puisée aux sources officielles, a été mise, en son temps, sous les yeux de toute l'Europe, sans que vous ayez jamais taxé cette preuve d'inexactitude :

« Chrétien IX est le seul souverain légitime des duchés. »

Discours de M. de Bismark à la Chambre des députés, 12 décembre 1863.

« Chrétien IX n'a jamais eu de droit sur les duchés. »

Discours de M. de Bismark à la Chambre des députés, 1864.

« Le prince héréditaire d'Augustembourg est le prince qui réunit le plus de droits à la succession dans les duchés. »

Déclaration du plénipotentiaire prussien, 28 mai 1864.

« Le grand-duc d'Olembourg a peut-être le plus de droits.. »

Dépêche circulaire de juillet 1864.

Holstein, à S. M. l'empereur d'Autriche ; pour le duché de Schleswig à S. M. le roi de Prusse. . . . .

Ainsi fait et passé à Gastein, le 14 août 1865.

(L. S.) Signé : Comte Bloome.
(L. S.) Signé : De Bismark.

« Le roi Chrétien IX a eu, sinon des droits de souveraineté, du moins des droits de possession. »

Dépêches à l'Autriche, de novembre et décembre 1864

« La Prusse elle-même a peut-être des droits sur les duchés (droits fondés sur les titres du seizième siècle). »

Dépêche du 13 décembre 1864.

« Tout dans la question des duchés, restera plein d'obscurité, jusqu'à ce que les syndics de la couronne aient fait connaître leur avis. Le gouvernement ne se prononcera pas avant d'avoir entendu l'opinion des syndics. »

Discours du roi aux Chambres, janvier 1865.

« La Prusse a des droits de souveraineté sur les duchés. »

Déclaration du plénipotentiaire prussien, à la diète, 6 avril 1865.

« Chrétien IX était, avant la paix de Vienne, le seul souverain légitime des duchés. La Prusse et l'Autriche ont aujourd'hui acquis tous ses droits. »

Mémoire sur les frais de guerre, présenté à la Chambre des députés, le 15 mai 1865.

» Lorsque poursuivant un but élevé, on met la vérité sous ses pieds, afin de se hausser, qu'importe après le succès, d'être pris en flagrant délit d'impostures? Quand on a signé sans pâlir le *mémorandum* du 10 octobre 1870 et qu'on a poussé l'audace jusqu'à l'adresser à toutes les puissances neutres, on est capable de tout, même de se faire un titre de gloire, d'avoir reculé toutes les bornes connues du cynisme de la diplomatie.

» Ce cynisme sans égal n'ayant pas révolté l'Europe en 1866, il ne fallait pas s'attendre à ce qu'il la révoltât en 1870.

» Pourquoi l'Europe, pusillanime autant qu'imprévoyante, aurait-elle deux balances différentes, l'une pour l'Autriche et l'autre pour la France? C'est ce que vous vous êtes dit, Monsieur le comte, et vous ne vous êtes pas trompé. L'Europe ne vous a pas cru, mais elle a feint de vous croire ; et cela lui a été d'autant plus facile que vous n'aviez rien épargné pour que la presse allemande et anglaise mît du côté de la Prusse, toutes les apparences de la nation injustement et perfidement attaquée. L'agneau c'était la Prusse, le loup c'était la France.

» Quoique les documents qui vous accableraient abondent dans mes mains, je n'insisterai pas plus longuement sur ce point ; ce qui précède suffit à écarter de lui tous les doutes, toutes les obscurités. Il m'en reste un autre à aborder.

» Le roi Frédéric II, celui que l'histoire a surnommé le Grand Frédéric, avait condamné en ces termes la conformation géographique de la Prusse : « Nous » avons trop peu de consistance et trop de frontières. » C'était votre avis, comme aussi c'est le mien, d'accord avec Sully, Richelieu, Mazarin, Vauban, Frédéric II, Napoléon Ier, Charles X, etc., etc., que la France ne sera entièrement chez elle que lorsqu'elle aura, pour ligne de démarcation géographique, la rive gauche du Rhin, fleuve mitoyen entre elle et l'Allemagne, et qu'elle aura cessé d'être menacée par des forteresses construites contre elle, sur elle. Que faites-vous ? sous les plus futiles prétextes, celui du Holstein, en 1863, et celui de l'interprétation de l'article 1er du traité de Gastein en 1866, vous vous allongez, vous vous élargissez, vous vous arrondissez, — quand on prend du sol, on n'en saurait trop prendre, — et de 19,303,263 habitants vous commencez par passer au chiffre de 29,216,531, — augmentation : 9,913,268 habitants ; cela ne vous suffit pas, car vous assujettissez à votre autorité militaire les 7,990,522 habitants de la Confédération du Sud, ce qui, réuni, forme un ensemble de 37,207,053 habitants. Vous trouvez opportun, vous trouvez juste, vous trouvez légitime, vous trouvez bon, de donner ainsi très amplement à votre pays la consistance « qui lui manquait », et de « rectifier ses frontières. » Le gouvernement français aurait pu le trouver mauvais. Au lieu de cela, que fait-il ? Il monte à la tribune législative, le 11 juin 1866 pour vous approuver en ces termes : « Nous aurions, en ce qui nous concerne, DÉ-» SIRÉ pour la Prusse *plus d'homogénéité* et de force dans » le Nord. » Ah! ce jour-là, Monsieur le comte, quand vous avez entendu lire par M. Rouher, ministre d'Etat, ce passage de la lettre écrite par l'Empereur Napoléon III à son ministre des affaires étrangères, M. Drouyn de Lhuys, quel éclat de rire méphistophélique vous avez dû réprimer! Et quel autre éclat de rire vous avez dû encore réprimer lorsque le 16 septembre suivant, vous avez reçu la circulaire signée La Valette, où il était dit textuellement :

« *La Prusse agrandie*, libre désormais de toute » solidarité, *assure l'Indépendance de l'Allemagne.* » *La France n'en doit prendre aucun ombrage*. Fière » de son unité, de sa nationalité indestructible, elle » ne saurait combattre ou regretter l'œuvre d'assimi-» lation qui vient de s'accomplir, et subordonner à » des sentiments jaloux les principes de nationalité » qu'elle représente et professe à l'égard des peuples. » *Le sentiment national de l'Allemagne satisfait, ses* » *inquiétudes se dissipent, ses inimitiés s'éteignent.* » *En imitant la France, elle fait un pas qui la rap-* » *proche et non qui l'éloigne de nous.*

» *Par quelle singulière réaction du passé sur l'a-* » *venir, l'opinion publique verrait-elle, non des* » ALLIÉS, *mais des* ENNEMIS *de la France dans ces* » *nations affranchies d'un passé qui nous fut hos-* » *tile, appelées à une vie nouvelle, dirigées par des* » *principes qui sont les nôtres, animées de ces senti-* » *ments de progrès qui forment le lien pacifique des* » *sociétés modernes?*

» *Une Europe plus fortement constituée, rendue* » *plus homogène par des divisions territoriales plus* » *précises, est une garantie pour la paix du conti-* » *nent, et n'est ni un péril ni un dommage pour* » *notre nation.*

» *Une puissance irrésistible, faut-il le regretter?* » *pousse les peuples à se réunir en faisant dispa-* » *raître les États secondaires. Cette tendance naît du*

» *désir d'assurer aux intérêts généraux des garanties*
» *plus efficaces.*

» *La politique doit s'élever au-dessus des préjugés*
» *étroits et mesquins d'un autre âge. L'Empereur ne*
» *croit pas que la grandeur d'un pays dépende de*
» *l'affaiblissement des peuples qui l'entourent, et ne*
» *voit de véritable équilibre que dans les vœux satis-*
» *faits des nations de l'Europe.* »

» Ce langage de 1866, qu'il est bon de rappeler en 1870, quand vous investissez Paris et que vous menacez ses dix-huit cent mille habitants d'expirer dans toutes les tortures de la faim, ce langage tenu, non *avant*, mais *après* les faits accomplis, après la bataille de Sadowa et le traité de Prague, ce langage était-il celui d'un gouvernement, celui d'un peuple animé des « convoitises » dont vous avez l'aplomb de l'accuser ?

» Mais ces convoitises, quand ce gouvernement et ce peuple les auraient eues, est-ce qu'elles n'auraient pas été aussi légitimes, plus légitimes que celles que vous aviez assouvies en 1866 ? A cette époque, la plus légère atteinte avait-elle été portée à la puissance de la Prusse, à la puissance de l'Allemagne ? Loin de s'être augmentée, l'Autriche avait perdu tout ce qu'avait gagné l'unité italienne. Soutiendriez-vous sérieusement dans un congrès que la Confédération germanique, faisant place, en s'écroulant, à l'unification militaire de trente-huit millions d'habitants, sous le commandement suprême du roi de Prusse, laissait relativement à la France les choses dans le même état que celui où elles étaient en mai 1866 ? Une grave, très-grave atteinte ayant été portée à sa sécurité, ainsi que les événements qui se sont succédés depuis juillet 1870 sont venus l'attester outre mesure, la France n'avait-elle pas le droit, n'avait-elle pas le devoir d'exiger que des garanties proportionnelles lui fussent données ? Eût-ce été une exigence trop grande que de vouloir rentrer en possession des limites naturelles et nécessaires qui lui avaient appartenues de 1801 à 1814, limites qui lui avaient été concédées à PERPÉTUITÉ, le 9 février 1801, par l'empereur d'Allemagne et le Corps germanique, et que le roi Frédéric II avait déclaré devoir lui appartenir par droit de nature ? Si le traité de Lunéville, visant et confirmant le traité de Campo-Formio, ne confère pas à la France des droits légitimes sur les enclaves qui existent entre ses frontières actuelles et ses frontières naturelles, quels étaient donc les droits de la Prusse sur le Hanovre, sur la Hesse, sur le Nassau, lesquels ne vous avaient jamais appartenus à aucun titre ni diplomatique, ni autre, ni à titre de conquête, ni à titre de traité ?

» Il se peut, Monsieur le comte, que, la victoire trahissant la cause de la bonne foi et du bon droit pour passer du côté de la duplicité et de l'iniquité, vous réussissiez à donner à la Prusse, en 1870, l'Alsace et la Lorraine, Strasbourg et Metz, comme vous lui avez donné, en 1866, les duchés de l'Elbe, le royaume de Hanovre, l'électorat de Hesse, le duché de Nassau, la ville de Francfort ; mais à quoi seront parvenus vos efforts, même couronnés du plus immense succès ? Vous ne serez parvenu qu'à fonder l'instabilité européenne, qu'à écraser vos populations sous le poids d'un service militaire encore plus lourd que par le passé et qu'à entretenir la guerre à l'état d'incendie toujours prêt à se rallumer et à tout embraser. Ses lauriers de 1870 coûteront cher à la Prusse, si elle ne se contente pas d'une large indemnité pécuniaire qui soit le remboursement de ses frais de guerre et l'amende de notre impéritie. Comment pourrait-il en être autrement ? Nous serions la dernière nation, la plus vile, si, nous ayant vu arracher l'Alsace et la Lorraine, malgré leur héroïque résistance, notre pensée fixe n'était pas de les délivrer, pensée fixe dans laquelle seront élevés les enfants de nos enfants !

» Plus vous aurez poussé loin la barbarie et l'avidité, et plus vous aurez donné des racines profondes à la haine et à la vengeance. Dans la voie où vous êtes entré, ne restez pas à mi-chemin, ne commettez pas la faute commise, en 1807, par Napoléon Ier, qui, pouvant vous effacer de la carte d'Europe, s'est contenté de vous démembrer. Plutôt que de nous démembrer, absorbez-nous ! Oui, si vous l'osez, absorbez-nous, comme vous avez absorbé le Hanovre, mais ne nous démembrez pas comme vous avez démembré le Danemark !

» Vous avez eu votre éclatante revanche de 1806, nous aurons la nôtre de 1870. Elle pourra se faire attendre un peu plus, un peu moins longtemps, mais rien ne saurait l'empêcher. La logique vous contraint de le confesser vous-même, dans votre circulaire, datée de Ferrière le 10 octobre 1870, lorsque vous dites que « la » diminution de territoire exigée par vous ne changera » rien à l'importance de la France vis à vis de l'étran- » ger ; tout au contraire, elle laissera à ce grand Etat » les mêmes éléments de puissance, à l'aide desquels » il a été en mesure d'exercer, dans la guerre d'Orient, » comme dans la guerre d'Italie une influence si déci- » sive sur les destinées de l'Europe. » Vous, le grand logicien, méconnaître et outrager ainsi la logique ! Car c'est l'outrager, que de croire que la France renoncera à sa politique séculaire, et, ayant perdu, par une impardonnable présomption, l'Alsace et la Lorraine, ne les reprendra pas.

» Il n'y avait plus de soldats en France ; désormais il n'y aura que des soldats. Plus de tirage au sort ! Plus de remplacement ! plus de « loterie des hommes ! » plus de « traite des blancs ! » mais des examens annuels, et la durée du service militaire abrégée par l'étude et l'émulation récompensées. Votre artillerie est supérieure à la nôtre, mais la nôtre lui deviendra supérieure. Est-ce que, longtemps inférieurs aux Anglais pour la construction des machines, nous ne sommes pas devenus au moins leurs égaux ? Vous avez pu le vérifier par vos yeux, Monsieur le comte, à l'Exposition universelle de 1867, lorsque vous êtes venu la visiter, en compagnie de votre Souverain, et que vous avez reçu de nous une si cordiale hospitalité.

» Vous pouvez nous désarmer, désarmez-nous. Arrêtez-vous en 1870 devant les murs de Paris, comme vous

vous êtes arrêté en 1866 devant les murs de Vienne, et, nous ayant donné cette irrécusable garantie de votre modération, nous serons les premiers à vous proposer de laisser tomber en ruines toutes ces forteresses, derniers vestiges de la féodalité européenne, et à couvrir la France de votre réseau du Zollverein, ce frère aîné du libre-échange. Notre or, que nous vous donnerons, portera chez vous la richesse, et le souvenir des blessures que vous nous aurez faites s'effacera sous la communauté d'intérêts et de vues, d'idées et d'efforts.

» Croyez-moi, ce langage est moins celui de la magnanimité dont nous profiterions, que de la sagesse dont vous profiterez.

» Ne donnez pas plus longtemps à l'ignorance et à la perversité le spectacle profondément démoralisateur de braves fonctionnaires, de vaillants francs-tireurs, de courageux citoyens, qui se seraient déshonorés, s'ils n'avaient pas intrépidement défendu leur patrie envahie, et que vous fusillez, parce qu'ils ont préféré la mort au déshonneur. Et vous ne vous bornez pas à les fusiller, vous violez leurs femmes, leurs filles, leurs sœurs; vous rôtissez leurs enfants, vous pillez leurs demeures et, après les avoir pillées, vous les incendiez!

» Assez, assez d'atrocités consommées, car, pour peu qu'elles persistent encore, ce ne serait plus seulement, selon votre expression dont je m'empare, « l'anéantissement en France de tout son système social », ce serait l'anéantissement en Europe, sans en excepter l'Allemagne, de tous les principes sociaux. Après de tels exemples donnés par un roi, par un gouvernement, par un peuple, enseignez donc la foi en la justice de Dieu, enseignez donc le respect de la famille, le respect de la femme, le respect de la propriété! Punissez donc le vol, le viol, le meurtre! Envoyez donc les meurtriers à l'échafaud! Déclamez donc contre le socialisme pris dans sa plus fausse et plus détestable acception!

» Richelieu et Mazarin furent de leur temps, soyez du

vôtre ! Ne déshonorez pas le siècle qu'ont illustré Robert Peel et Cavour, et dont il dépend encore de vous d'être l'une des gloires.

» J'ai l'honneur d'être, Monsieur le comte,

» de Votre Excellence,

» le très-humble et très-obéissant serviteur,

» EMILE DE GIRARDIN. »

III

» Tours, 24 octobre 1870.

» Monsieur le Comte,

» Votre manière de vous défendre, c'est d'attaquer ; je ne saurais dire qu'elle est mauvaise, puisqu'elle a pour elle le succès qui, de tout temps, a changé la force en droit. Propriété, nationalités ne reposent, à l'origine, que sur la force légitimée par la durée. Les législateurs et les jurisconsultes ont donné un nom à cette légitimité ; ils l'ont appelée Prescription.

» Vous éludez la difficulté de répondre à mes deux lettres datées de Tours 17 et 18 octobre, en m'accusant d'avoir excité à la guerre de la France contre la Prusse et en m'objectant ma lettre de juillet dernier au rédacteur en chef de la *Liberté*. Cette lettre, dans laquelle j'insistais sur la nécessité d'un Congrès, et repoussais l'idée d'une Conférence, se terminait par cette phrase à l'adresse des Prussiens : « Si, ne voulant pas du » Congrès, ils refusent de se battre, eh bien ! ce sera en » les poussant la crosse dans le dos que nous les con- » traindrons à passer de la rive gauche sur la rive droite » du Rhin. »

» Qu'y a-t-il de fondé dans cette accusation qui, pour être devenue banale, n'en est pas moins fausse ?

» — Rien.

» Il est aussi juste de m'accuser d'avoir excité à la guerre de la France contre la Prusse, qu'il serait juste de rendre responsable de cette guerre l'impératrice Marie-Thérèse et la reine de Hollande, dont j'ai cité les deux lettres historiques, la première datée de 1778, la seconde datée du 13 juillet 1866, l'une et l'autre prédisant que l'insatiable ambition du gouvernement prussien ne s'arrêterait à aucune limite.

» Prévoir la conséquence inévitable d'un fait, est-ce la faire naître ?

» Avant les évènements de 1866, à la suite desquels la Confédération germanique, qui tenait en équilibre constant l'Autriche et la Prusse, par leur perpétuel antagonisme, a fait place à l'unification militaire de toute l'Allemagne, placée sous le commandement absolu d'un seul chef ; si j'ai eu tort, comme publiciste, c'est de n'avoir pas eu l'œil ouvert sur vos menées, Monsieur le Comte ; c'est de n'avoir pas pressenti et deviné que l'importance, si exagérée, attachée par vous à la question si confuse du Schleswig-Holstein, n'était qu'un prétexte pour vous emparer du port de Kiel, et placer le Danemark sous la menace permanente de sa destruction par vos armes, ce qui était en outre une manière certaine d'enlever au levier de la France un de ses points d'appui les plus importants.

» Mais, à cette époque, j'étais livré tout entier à l'étude approfondie des développements de la politique du 5 janvier 1860, à la politique du traité de commerce anglo-français, à la politique de Richard Cobden, ayant converti à ses doctrines M. Rouher, à la politique enfin du libre-échange, que le Zollverein, c'est une justice à lui rendre, avait devancée.

» La guerre n'avait pas d'ennemi plus déclaré que moi, ainsi que l'atteste le feu journalier de citations que j'avais dirigé contre elle, sous ce titre : GUERRE A LA GUERRE, feu que je n'ai cessé que le jour où votre maiu a arraché de mes yeux le bandeau qui les couvrait.

» Mais ce bandeau, comment ne l'aurais-je pas eu sur les yeux lorsque j'avais lu que, le 28 mars 1849, deux cent quatre-vingt-dix membres de l'*Assemblée nationale constituante de l'Allemagne*, siégeant à Francfort, avaient proclamé, dans leur 196e séance, EMPEREUR DES ALLEMANDS, le roi de Prusse, Frédéric-Guillaume IV, et que ce souverain, retenu par ses scrupules, avait refusé, le 3 avril 1849, l'empire d'Allemagne?

» J'avais gardé parmi mes notes sa réponse, que voici:

« Messieurs, je ne justifierais pas votre confiance, je ne répondrais pas à l'attente du peuple allemand, je ne fonderais pas l'unité de l'Allemagne, si *violant des droits sacrés* et les assurances expresses et solennelles que j'ai données antérieurement, je prenais, *sans le libre consentement des têtes couronnées, des princes et des Etats libres de l'Allemagne*, une résolution qui aurait les plus graves conséquences pour eux, ainsi que les tribus allemandes gouvernées par eux. »

» Après cette déclaration si formelle, était-il présumable que quelques années après, sous le prétexte le plus futile et le moins fondé,— celui de l'interprétation de l'article 1er du traité de Gastein, — le roi de Prusse prendrait les armes contre l'empereur d'Autriche au mépris des articles 1 et 18 du pacte germanique, s'emparerait du royaume de Hanovre, du grand-duché de Nassau, de l'électorat de Hesse, de la ville libre de Francfort et vassaliserait le roi de Saxe, tous confédérés?

» Comment expliquer que le roi de Prusse ait mieux aimé faire l'unité de l'Allemagne par la guerre et la spoliation, que par l'élan et l'acclamation des peuples?

» Comment expliquer qu'au lieu d'accepter ce qui lui était offert, il ait préféré le voler?

» Cela ne s'explique qu'ainsi : En 1849, vous n'étiez pas ministre des affaires étrangères; en 1866 vous l'étiez! Les scrupules avaient fait place aux regrets.

» Jusqu'en juin 1866, la politique dont je n'avais cessé de suivre la ligne droite, était celle de Turgot, de

Robert Peel, de Richard Cobden ; je l'avais résumée en ces termes :

« La France restant étrangère aux questions étran-
» gères.

» La France s'abstenant systématiquement de toute
» intervention extérieure et de toute expédition loin-
» taine.

» Le sang de la France appartenant exclusivement
» à la France.

» La paix par la liberté, et la liberté par la paix. »

» L'idée fixe que je poursuivais depuis vingt-cinq ans, était celle du désarmement européen.

» Peu m'importait alors qu'on rectifiât les frontières, si on supprimait les barrières !

» En 1863, lorsque toute la presse de l'opposition, à Paris, ameutée par l'émigration polonaise, poussait le gouvernement français à prendre parti, les armes à la main, en faveur de la Pologne contre les trois puissances co-partageantes, l'Autriche, la Prusse, la Russie, je fus le seul publiciste qui, bravant toutes les menaces, méprisant toutes les injures, osai me mettre en travers de cet entraînement auquel avait cédé M. Drouyn de Lhuys, alors ministre des affaires étrangères, conséquemment le véritable auteur de la situation actuelle.

» En effet, s'il n'eut pas rompu les liens de cordiale intimité et de confiance mutuelle qui existaient à cette époque entre les deux gouvernements de Saint-Pétersbourg et de Paris, jamais, si audacieux que vous soyez, Monsieur le Comte, jamais vous n'eussiez poussé la témérité jusqu'à vous moquer du traité du 8 mai 1852, sur lequel était apposées les signatures de la France et de la Russie, en compagnie de celles de l'Autriche, de la Grande-Bretagne, de la Prusse, de la Suède et du Danemarck, traité qui garantissait, de la manière la plus expresse, l'intégrité du territoire danois.

» En 1864, l'expédition et l'occupation du Mexique n'avaient pas eu de plus constant adversaire que moi.

» De 1863 à 1866 je n'avais cessé, en toutes circonstances, d'insister sur la nécessité de la convocation d'un congrès qui mît fin aux armements exagérés, dont le moindre mal était de rendre impossibles les réformes fiscales, financières, économiques les plus urgentes, sous peine de fermentation populaire et de révolution sociale.

» Si, en juillet 1870, je me suis prononcé contre la réunion d'une conférence à l'occasion de la candidature du prince Léopold de Hohenzollern, c'est que le démembrement du malheureux Danemarck avait donné la mesure du cas que vous faisiez et des décisions d'une conférence et de la signature de votre gouvernement.

» Après les traités occultes des 17 et 22 août 1866, conclus en toute hâte avec le gouvernement Badois et le gouvernement Wurtembergeois, à l'insu de la France et contre la France, que démembraient déjà vos cartes géographiques, je persiste à penser qu'il n'y avait d'alternative qu'entre ces deux politiques :

» Ou une alliance entre l'Allemagne, la France et l'Italie, alliance offensive et défensive, ayant pour objectif et pour lien indissoluble le remaniement de l'Europe et son désarmement ;

» Ou une guerre préparée sans relâche et sans illusions contre la Prusse, à l'effet de nous rendre nos frontières républicaines et naturelles de 1801 et de faire rentrer dans nos mains les clefs de toutes les forteresses construites sur nous, contre nous.

» Si cette seconde alternative était adoptée, mon avis était de tout y subordonner et de ne rien épargner pour en assurer le succès.

» Dans tout ce que m'a dicté à ce sujet le patriotisme le plus clairvoyant, le plus vigilant, il n'y a pas une ligne que je voulusse effacer ; il n'y en a pas une qu'à ma place, Monsieur le comte, vous ne tinssiez à honneur d'avoir écrite.

» J'ai le même mépris que vous pour les phrases creuses, et la même habitude que vous d'aller droit au fait et d'appeler les choses par leur nom.

» Ayant fermement voulu que, soit par l'habileté de sa diplomatie, soit par la puissance de la victoire, la France rentrât en possession de son unité géographique ; ayant ardemment souhaité qu'elle eut de nouveau la rive gauche du Rhin pour ligne de démarcation naturelle et non arbitraire, vous prétendez que je ne saurais, logiquement, vous blâmer de vouloir garder l'Alsace et une partie de la Lorraine, avec Strasbourg et Metz, puisque vous les avez conquises. Eussiez-vous raison sur ce point que vous auriez tort de ne vous être pas arrêté à la double limite tracée par la chaîne des Vosges et la communauté de langue, vous contentant de vous y retrancher et de vous y fortifier afin de vous y établir à demeure.

» Votre marche sur Paris, votre investissement de Paris, le ravage de la France qui est la conséquence de cette marche excessive, de cet investissement irréfléchi, sont des fautes, car ce sont d'éternelles haines semées entre deux nations égales en nombre d'habitants.

» Comment de telles haines pourront-elles jamais s'assouvir et s'appaiser?

» Vous l'êtes-vous demandé, monsieur le comte?

» Si au lieu d'être vaincue et repoussée à Wissembourg, la France eût été victorieuse et eût marché en avant, qu'eût-elle fait? Elle se fût empressée, — sa modération de 1854 et de 1859 est là pour l'attester,— de vous offrir de signer la paix à Cologne. Assurément ce n'est pas la France qui eut érigé en système la dévastation de la Prusse, le ravage de toute l'Allemagne! Ce n'est pas elle qui eut bombardé la cathédrale de Cologne et lancé tant d'obus et de bombes incendiaires que toute la population de la ville eut été contrainte de n'avoir plus pour demeure que les égouts! Ce n'est pas elle qui eût érigé en crime punissable de mort le patriotisme de citoyens allemands prenant un fusil pour défendre leur ville que la soldatesque allait piller; leur maison qu'elle allait incendier, leur femme, leur fille, leur sœur qu'elle allait violer à la vue du mari, du père, du frère garottés aux pieds et aux mains et attaché par le milieu du corps au bois du lit! Ce n'est pas elle qui eût toléré que ses hussards, envoyés en réquisition, s'arrogeant le droit de punir quatorze jeunes coupables de mensonge patriotique, les missent à nu, les étendissent sur un banc et leur appliquassent sur les reins des coups de baguette de houx jusqu'à ce que jaillisse le sang, tandis que le colonel fumait impassiblement son cigare et frisait sa moustache! Ce n'est pas elle qui eût permis que les murs des villes fussent couverts de proclamations où il serait dit que pour chaque soldat français tué par des francs-tireurs, *quatre* soldats allemands coupables ou innocents seraient fusillés! De tels abus de la force pouvaient, aux siècles derniers s'appeler la guerre; mais dans cette seconde moitié du dix-neuvième siècle, ils n'ont plus qu'un nom, et ce nom, c'est: barbarie.

»Ne dites pas, Monsieur le comte, que la France énivrée par l'exhalaison du sang répandu et l'odeur de la poudre brûlée, eût fait ce qui restera la honte de la Prusse; car, en 1859, la France applaudissait à cette déclaration datée d'Alexandrie le 28 mai et insérée au *Moniteur Universel* :

« L'Empereur *voulant diminuer autant qu'il dépend de lui les maux que la guerre entraîne avec elle,* et donner l'exemple de la suppression des rigueurs qui ne sont pas nécessaires, a décidé que *tous les prisonniers blessés seraient rendus à l'ennemi* SANS ÉCHANGE, dès que leur état leur permettrait de retourner dans leur pays. »

» Voilà une déclaration qui honore un pays et un siècle!

» Cette déclaration, qui ne fut pas la seule dictée par le même esprit d'humanité, par le même respect de la civilisation, contraste singulièrement avec celle-ci datée de juillet 1870 :

» Nous, Guillaume, roi de Prusse, faisons savoir ce qui suit aux habitants des territoires français occupés par les troupes allemandes :

» ... Je fais la guerre contre des soldats et non contre des citoyens français. Ceux-ci, par conséquent, continueront de jouir de la sécurité pour leurs propriétés, *tant qu'eux-mêmes, par des tentatives hostiles contre les troupes allemandes ne m'ôteront pas le droit de leur ôter ma protection.* »

» En d'autres termes :

» Français, qui ne faites pas partie de l'armée, vous laisserez envahir votre patrie sans la défendre, et si vous n'êtes des lâches vous serez fusillés. »

» Une telle proclamation, opprobre d'un gouvernement civilisé, fait douter de la piété d'un roi dont tous les discours sont des invocations à la « *divine Providence* » et à « *la grande patrie Allemande.* »

» N'y a-t-il donc en Allemagne de patriotes que ceux qui portent l'uniforme de soldats?

» Le terrain sur lequel je me place ici, n'est pas celui du droit de conquête dans ses rapports avec l'équilibre européen et la stabilité européenne; c'est celui de l'intérêt judicieux.

» Aspirant à absorber le peu qui reste du Danemark démembré; aspirant à posséder le port de Trieste, lui donnant passage de la mer Adriatique dans la Méditerranée, comme le port de Kiel lui donne passage de la mer Baltique dans la mer du Nord; port qui compléterait ainsi son système de navigation, et dont on peut dire qu'il fesait partie de la confédération germanique; aspirant enfin à s'approprier le Zuyderzée, est-il de l'intérêt de l'Empire d'Allemagne d'avoir pour ennemie mortelle la France, ne vivant plus désormais que pour saisir le premier prétexte plausible de nouer contre le gouvernement prussien, une coalition formée de la Russie menacée dans ses possessions allemandes, la Baltique; du Danemark, menacé dans son dernier souffle d'existence; de la Hollande et de la Belgique menacées dans leurs nationalité [1]; de l'An-

[1] Dans un projet noué en 1829 entre la France et la Russie, on lit ce qui suit :

« La Prusse recevra la Hollande presque toute entière jusqu'à la Meuse et deviendra ainsi une puissance maritime de premier ordre ».

» Le 18 juin 1867, Lord Stanley montant à la tribune pour justifier

gleterre, menacée dans sa suprématie maritime, au premier conflit surgissant entre la Grande-Bretagne et les Etats-Unis, car l'immigration allemande y occupe une grande place et y pèse un poids considérable?

» Non, l'intérêt de la Prusse était, au contraire de nouer, par l'équité, une étroite association entre ces trois grandes unités géographiques :

» Unité géographique de l'Allemagne ayant accès direct ou indirect sur cinq mers;

» Unité géographique de la France ayant directement ou indirectement accès sur les mêmes mers;

» Unité géographique de l'Italie presqu'entièrement baignée par la Méditérannée et l'Adriatique, le plus court chemin maritime de l'Inde par Suez avec Brindisi pour embarcadère.

» Dans cet ordre d'idées, que vous avez entrevu en 1865 et déroulé à Biarritz, qu'importait, encore une fois, la conservation entre vos mains d'Aix-la-Chapelle, de Cologne et de Mayence, mis en balance avec la grandeur du but qui s'offrait à vos regards!

» Ce but atteint, de Paris à Berlin, du Hâvre à Kiel, de Marseille à Trieste, c'eût été Sa Majesté l'empereur Zollwerein qui eût régné, ayant pour unique loi l'Offre et la Demande.

» Reconnaissez-vous, Monsieur le comte, que vous avez devié de la grande voie, et que la guerre de 1870 est un déraillement, dont la victime sera la nation qui devait être votre principale associée, l'Italie étant la seconde ?

» Pas plus que vous je ne suis un phraseur; j'ai appris à l'école de l'histoire comment se sont formées toutes les nationalités ; il n'en est pas une seule qui n'ait été pétrie dans le sang et qui ne soit fille de la conquête ;

la part qu'il avait prise à la Conférence de Londres, s'exprimait ainsi : une chose au moins est probable : c'est qu'au milieu des peripéties de cette guerre la Hollande et la Belgique, auraient bien pu être rayées du nombre des nations. »

(*Le Condamné du 6 mars, p. 582*)

les scrupules qui sont des inconséquences et des oublis, n'ont aucune prise sur moi

» A la politique de Richelieu qui a engendré la vôtre, je préférais la politique de Turgot qui a engendré celle de Richard Cobden et de Robert Peel; mais lorsqu'est interrompue la voie de fer je prends la voie de terre; ainsi à défaut de la politique nouvelle, à défaut de la politique économique, je me soumets à l'ancienne politique, à la politique territoriale, et alors je fais consister ma tâche à tirer du fait accompli, même de celui que je déplore, tout ce qu'il peut contenir en lui de progrès, au risque d'être accusé de versatilité, parce que je ne suis pas l'immobilité.

» Penser, c'est se mouvoir intellectuellement. Le plus grand nombre se composant de ceux qui ne pensent pas, il est tout simple qu'ils ne pardonnent pas à ceux qui pensent le trouble d'esprit que ceux-ci leur causent.

» J'espère, Monsieur le comte, que vous serez satisfait de ces explications qui achèveront de montrer et ce qui nous éloigne et ce qui nous eut rapprochés.

» La plaie que la Prusse a faite à la France est trop profonde pour ne pas laisser de cicatrice; mais c'est moins la profondeur de la blessure qui met la haine au cœur du blessé que l'orgueilleuse dureté de l'adversaire favorisé par le sort.

» Souvent, après un duel à outrance, un cordial serrement de main a suffi pour changer le plus vif ressentiment en une amitié durable.

» La bonne politique des gouvernements est la vraie providence des peuples.

» Que la bonne politique vous inspire!

» J'ai l'honneur d'être, Monsieur le comte,

de votre Excellence,

le très-humble et très-sincère serviteur,

» EMILE DE GIRARDIN. »

LE DÉCRET DU 29 SEPTEMBRE 1870

Tours, 18 octobre 1870

Le décret du 29 septembre 1870, signé Ad. Crémieux, H. Glais-Bizoin et Fourrichon qui prescrit la mobilisation de tous les français de 21 à 40 ans, non mariés ou veufs sans enfants, analysé, donne les résultats suivants :

Sont pris par *l'Armée active,* exclusivement qualifiée « armée régulière » :

Tous les valides de 21 à 30 ans qui ont tiré « un mauvais numéro », ou qui ne se sont pas fait remplacer.

Sont pris par la *Garde nationale mobile :*

Tous les valides de 21 à 30 ans qui ont tiré « un bon numéro » et tous ceux qui se sont fait remplacer dans l'armée active.

Sont pris par la *Garde nationale sédentaire :*

Tous les valides de 30 à 60 ans sans distinction entre eux.

Que fait donc le décret du 29 septembre qui *mobilise* tous les valides de 30 à 40 ans, appartenant à la garde nationale sédentaire dont ils constituent la partie virile ?

Il crée une *Garde nationale* MOBILISÉE à côté de la *Garde nationale* MOBILE.

A quoi servira cette garde nationale MOBILISÉE, composée de tous les valides de 30 à 40 ans non mariés ou veufs sans enfants ?

Que compte-t-on en faire ?

Quels services attend-t-on d'elle?

Quel cadre aura-t-elle?

De combien d'hommes se composera-t-elle?

Qui la commandera?

Où l'enverra-t-on?

Ce décret à deux vices :

Il organise la confusion;

Il laisse à l'écart tous les sous-officiers mariés on veufs avec enfants, libérés et retirés du service, tandis que la plus grande partie de la landwehr est composée de soldats mariés, attendu que le mariage en Prusse n'est interdit que jusqu'à l'âge de 23 ans révolus et que les allemands se marient jeunes.

L'Allemagne militairement unifiée sous le commandement du roi de Prusse, n'a que 38 millions d'habitants, même chiffre que la France; ce n'est donc pas à sa supériorité numérique qu'elle doit les écrasantes victoires qu'elle à remportées en 1866 sur l'Autriche et en 1870 sur la France; non, elle les doit à la supériorité de sa loi militaire. Comment donc, instruite par l'expérience, éclairée par l'évidence, au lieu d'entasser décrets sur décrets qui se confondent quand ils ne se contredisent pas, le premier acte du Gouvernement de la défense nationale n'a-t-il pas été, s'inspirant de la loi prussienne et de la loi suisse, de rédiger un décret, à la fois transitoire et définitif, qui soit la réorganisation démocratique de l'armée française?

RÉORGANISATION DÉMOCRATIQUE

de l'Armée Française

Tours, 19 octobre 1870.

Depuis le 20 juillet dernier, l'Empire de 1852 et la République de 1870 ont promulgué, l'un, lois sur lois, et, l'autre, décrets sur décrets, pour suppléer à l'insuffisance de la loi militaire de 1868.

Telles sont la multitude et l'incohérence de ces lois et décrets, que c'est à s'y perdre et à n'y rien comprendre. Au lieu de tâtonner comme on l'a fait, il n'y avait pas à hésiter. En présence de l'immense péril qui menaçait la France, il fallait, Empire ou République, loi ou décret, aborder de front la question de constitution de la défense nationale, la simplifier et la redresser, en dégageant la règle de toutes les exceptions qui la faussent. C'est la pensée qui a donné naissance à l'ébauche qui suit :

Ébauche d'un décret général de recrutement

Article Premier.

Le recrutement de l'armée par voie de tirage au sort et le remplacement militaire sont abolis.

Art. 2.

Toutes les lois et tous les décrets qui régissent le recrutement de l'armée active, le recrutement de la garde nationale mobile, et celui de la garde nationale sédentaire, sont rapportés.

Art. 3.

L'armée de la défense nationale est divisée en trois bans :

L'armée active conserve son titre d'*armée active* et forme le premier ban ;

La garde nationale mobile prend le titre d'*armée de réserve*, et forme le second ban ;

La garde nationale sédentaire prend le titre d'*armée sédentaire*, et forme le troisième ban ;

En temps de guerre, lorsque l'armée de réserve a déjà été appelée à faire partie de l'armée active, l'armée sédentaire peut aussi être appelée ; mais, dans ce cas, les appels ont lieu dans l'ordre qui suit :

Premièrement : Les hommes non mariés et les veufs sans enfants ;

Deuxièmement : Les hommes mariés sans enfants ;

Troisièmement : Les hommes mariés ayant un enfant ;

Quatrièmement : Les hommes mariés ayant deux enfants ;

Cinquièmement : Les hommes mariés ayant trois enfants et plus ;

Sixièmement : Les veufs ayant un ou plusieurs enfants.

Art. 4.

Les conseils de révision prennent le titre de *Jurys de réforme* ; ils sont composés ainsi qu'il suit :

De la majorité des maires de cantons de l'arrondissement, présidé par un des membres du Conseil général et assisté par un médecin ou chirurgien, sous le contrôle de l'officier supérieur de l'armée active désigné par le ministre de la défense nationale.

Art. 5.

Tout Français âgé de vingt ans accomplis au premier janvier, d'une taille excédant 1 m. 50 c., s'il n'a pas été déclaré impropre au service militaire par le Jury de réforme, soit de l'arrondissement où il est né, soit de la ville qu'il habite depuis six ans, doit à la défense de son pays trois ans d'apprentissage militaire et de service dans l'armée active, douze années dans l'armée de réserve, et dix années dans l'armée sédentaire.

Art. 6.

Tout Français âgé de plus de vingt ans et de moins de quarante ans révolus, quoiqu'il ait été, antérieurement à la promulgation du présent décret, déclaré impropre au service militaire, sera tenu, dans les dix jours qui suivront cette promulgation , de se représenter devant le Jury de réforme, soit de son arrondissement, soit de la ville qu'il habite depuis un an, sous peine d'interdiction de ses droits électoraux pendant dix années.

Art. 7.

La durée légale de trois années d'apprentissage militaire, sera réduite, soit d'une année, soit de deux années, pour les soldats qui à l'expiration, soit de la première année, soit de la seconde année, auront régulièrement justifié qu'ils possèdent l'instruction militaire déterminée par le programme d'examen annuel.

Art. 8.

L'interdiction de se marier avant l'âge de vingt-trois ans révolus, sous peine d'incapacité politique, est absolue pour tous les Français non déclarés impropres au service militaire, par le Jury de réforme. Passé cet âge, cette interdiction cesse d'exister de plein droit.

ART. 9.

Une caisse d'assistance militaire, dotée par l'Etat, sera instituée à l'effet de venir en aide :

Premièrement, aux mères ou aux sœurs, dont le fils ou le frère était l'unique soutien ;

Deuxièmement, aux femmes, dont le mari appartenant à l'armée sédentaire, aura été, en temps de guerre, appelé sous les drapeaux, et qui aura justifié qu'il n'avait pas d'autre revenu que le produit de son travail ;

Troisièmement, aux veufs avec enfants, qui appelés à servir dans les mêmes circonstances, auront fait les mêmes justifications.

ART. 10.

Chacun des départements de France, proportionnellement au chiffre de sa population, et conformément au tableau ci-annexé, est tenu de concourir à la formation de l'armée active, pour un ou plusieurs régiments, soit d'infanterie, soit de cavalerie, soit d'artillerie.

Chacun de ces régiments porte le nom du département qui l'a formé.

Les régiments du même département se distinguent entre eux par un numéro d'ordre placé sur le bras gauche, au-dessous du nom de leur département, écrit en toutes lettres.

ART. 11.

Chaque département fournit à chacun des régiments le drapeau qui porte son nom.

Une plaque en marbre est placée à l'entrée de chaque caserne départementale ; sont gravées en lettres d'or sur cette plaque les dates glorieuses qui ont illustré le drapeau du département et en lettres noires les dates de défaillances ou d'actes qui en auraient entaché l'honneur.

ART. 12.

Tout Français âgé de vingt ans révolus et n'ayant pas été déclaré impropre au service militaire par le Jury de réforme appartient de droit à l'un des régiments du département où il est né. Il n'est dérogé à cette prescription formelle que dans un seul cas : celui où les ascendants de l'appelé justifieraient d'une résidence de six années dans un autre département.

Dans ce cas, l'appelé aura la faculté d'opter entre le département lieu de sa naissance, et le département lieu de la résidence de ses ascendants.

ART. 13.

Hormis le cas où il est appelé en temps de paix à se rendre au camp de manœuvre qui lui est désigné, chaque régiment est caserné dans le département dont il porte le nom, et dont il personnifie le patriotisme et l'honneur.

ART. 14.

Les articles ci-dessus, 10, 11, 12 et 13, impliquant la réorganisation démocratique de l'armée française toute entière, ne seront mis en vigueur que dans l'année qui suivra la i-gnature de la paix (F).

Traduction en chiffres de ce projet.

Force totale de chaque classe comprenant tous les Français âgés de vingt ans accomplis. . . 320,000 h.
Exemptés pour cause diverses [1]. . . . 100,000

220,000 h.

Premier ban.

ARMÉE ACTIVE

3 contingents de 220,000 hommes. . . 660,000 h.

Deuxième ban.

ARMÉE DE RÉSERVE.

7 contingents de 150,000 hommes (au moins; il n'y aurait à déduire que les décédés et les réformés). . . . . 1,050,000 h.

A reporter. . . . 1,710,000 h.

(F) Voir à l'*Appendice*.

[1] Ces causes seraient très diminuées par ce projet qui fait tomber toutes les exemptions légales autres que celles provenant d'incapacité physique.

Report. . . . 1,710,000 h.

Troisième ban.

ARMÉE SÉDENTAIRE.

10 contingents de 100,000 hommes (au moins). . . . . 1,000,000 h.

FORCES MILITAIRES DE LA FRANCE. . . . 2,710,000 h.

Les cadres de *l'armée active* s'alimenteraient et s'entretiendraient naturellement par l'avancement professionnel et par les écoles spéciales militaires.

Les cadres de *l'armée de réserve* s'alimenteraient et s'entretiendraient par les officiers et sous-officiers passant, avec avancement d'un grade mais avec réduction de solde, de l'armée active dans l'armée de réserve. Cette situation d'officiers et de sous-officiers à solde réduite serait compatible avec l'exercice de certaines fonctions.

Les cadres de *l'armée sédentaire* s'alimenteraient et s'entretiendraient par l'élection. Les soldats éliraient leurs sous-officiers, les sous-officiers éliraient leurs officiers, jusqu'au grade de capitaine inclus; les capitaines éliraient leurs supérieurs jusqu'au grade de colonel inclus.

Nomination des généraux par le Ministre responsable.

Avantages de ce projet.

—

Emulation de régiment à régiment, puissamment excitée par le stimulant départemental;

Suppression de tous les déplacements qu'entraîne la complication des Dépôts;

Abolition des congés de semestre, qui rendaient presque illusoire le contrôle du budget de la guerre;

Diminution des dépenses de l'effectif, sans préjudice de l'instructiôn des soldats, chacun d'eux s'efforçant d'abréger le plus possible le temps de son apprentissage dans l'armée active; conséquemment, économie de vivres et d'habillements, puisque les soldats de l'armée de réserve, en temps de paix, ne seraient tenus qu'à un certain nombre de jours de service et d'exercice par an.

Dans cet ordre d'idées, la signification politique du décret général ci-dessus aura été précisée, accentuée par le décret suivant :

ARTICLE UNIQUE.

Désormais le ministère de la guerre s'appellera ministère de la défense nationale.

Il formera deux départements distincts : le département des opérations et du personnel de la défense nationale ;

Le département de l'administration et du matériel de la défense nationale.

Ce dédoublement est impérieusement commandé par la nécessité de renouveler radicalement l'administration des bureaux de la guerre, source intarissable d'abus invétérés.

LETTRE AU RÉDACTEUR DE LA GAZETTE DE FRANCE

» Monsieur et honorable ancien confrère.

» Je lis dans la *Gazette de France* le décret suivant du 27 juillet dernier par lequel j'étais nommé sénateur :

« Napoléon, par la grâce de Dieu et la volonté nationale, empereur des Français ;

» A tous présents et à venir, salut.

» Sur le rapport de notre garde des sceaux, ministre de la justice et des cultes ;

» Vu l'article 24 de la Constitution ;

» Considérant les *services* que M. Emile de Girardin a *rendus comme publiciste....*

» Nous avons décrété et décrétons ce qui suit, etc. »

» Je savais l'existence de ce décret, mais j'en ignorais le libellé qui aurait pu être différent, car il aurait dû rappeler que j'avais été membre de la Chambre des députés de 1834 à 1848 ; que j'avais eu l'honneur en 1842 d'une double élection dans le département de la Creuse et dans le département de Tarn-et-Garonne, et enfin que j'avais fait partie jusqu'au 2 décembre 1851 de l'Assemblée nationale.

» Ayant si longtemps siégé sur les bancs d'une Assemblée législative, j'eusse considéré comme une inconséquence, m'assimilant aux Irréconciliables que j'avais toujours systématiquement combattus, si, le 27 avril, lorsque l'offre m'en fut faite, *en dehors de M. Emile Ollivier,* j'esse refusé de faire partie du Sénat transformé par les attributions nouvelles qu'il venait de recevoir et par les nouveaux membres qui devaient être nommés.

» J'avais si peu fait de cette offre et de ma réponse conditionnelle un mystère, qu'elles furent le motif consigné dans l'acte notarié de cession du journal la *Liberté*, dont, en ma qualité d'unique propriétaire, j'étais forcément le gérant responsable et le rédacteur en chef, qualités inconciliables avec la dignité de sénateur.

» Pourquoi la nomination, qui me fut proposée avec insistance le 27 avril, ne fut elle signée que le 27 juillet, et pourquoi, après avoir été signée le 27 juillet, ne fut-elle envoyée plus tard au *Journal officiel* que pour y être retirée le même soir, c'est ce que je ne sais pas ; ce que je sais seulement, c'est qu'on a pu retrouver dans les *Papiers des Tuileries*, publiés en livraisons, la lettre ci-dessous, remise par moi, le 8 août, à l'Impératrice-régente, laquelle lettre fut composée le jour même à l'imprimerie de la *Liberté*, où elle fut empêchée de paraître par le cours précipité des évènements.

» Je vous demande place pour ces explications.

» EMILE DE GIRARDIN. »

» Voici la lettre remise par moi, le 8 août 1870, à l'Impératrice-régente :

» Madame,

» J'ai été informé qu'avant de partir pour prendre le commandement de l'armée, l'Empereur avait signé le décret qui, sans que je l'aie jamais demandé, me comprend parmi un certain nombre de nouveaux sénateurs.

» Le Sénat est convoqué pour demain.

» Refuser, en ce moment suprême, de siéger sur ces bans, ce serait une défection, ce serait une lâcheté; mais aussi, lorsque la France, pliant sous le poids de charges écrasantes, va avoir à réparer les désastres d'une guerre à outrance, consentir à grever le budget de dotations annuelles de 30,000 francs par chaque sénateur nouveau, ce serait un abus, ce serait une indignité.

» *Je subordonne donc expressément mon acceptation* au vote patriotique par acclamations du Sénat, déclarant que ses membres renoncent tous à leur dotation.

» Je suis avec respect,

» Madame,

» de votre Majesté,

» le très-humble et très-obéissant serviteur,

» EMILE DE GIRARDIN.

» Ancien député, ancien représentant du peuple. »

NI RÉACTION, NI EXCLUSION

Tours, 27 octobre 1870.

La *Défense nationale* de Limoges m'élève à la dignité de « Président d'un Cénacle de *réactionnaires*, enrichi d'un groupe d'anciens députés, se serrant à Tours, autour du gouvernement de la République, peut-être dans l'espoir de l'étouffer. »

La *Défense nationale* en s'exprimant ainsi est mal informée. Je n'ai jamais été, je ne suis pas, je ne serai jamais « réactionnaire » à moins que ce ne soit l'être que de s'attrister et de s'indigner quand on voit sous la République, troisième du nom, des journaux supprimés ou seulement suspendus par l'arbitraire d'un préfet, comme aux plus mauvais jours des gouvernements de 1848 et de 1852; des ambassadeurs de France emprisonnés sans aucun motif, sans aucun prétexte, à Marseille, en débarquant de Constantinople; des généraux en activité de service arrêtés au chef-lieu de leur division militaire; d'anciens ministres, non suspects cependant de sincère patriotisme, expulsés de leur département, etc., etc.

Je l'avoue sous tous les régimes, République de 1848 ou Empire de 1852, l'arbitraire m'a toujours trouvé au nombre de ses constants adversaires et aucune considération mensongère de nécessité publique ne m'a jamais fait transiger avec lui, ce qui m'a valu la qualification d'esprit absolu que j'aurais voulu mériter encore plus.

L'arbitraire est le chemin le plus court qui mène les gouvernements à leur perte. Quiconque souhaite à la République de 1870, la même fin qu'à la République de 1792 et de 1848, quand il le lui voit prendre, doit donc se frotter les mains. Ce sentiment n'est pas celui que j'éprouve. Je désire très sincèrement que la forme républicaine s'enracine en France parce que non-seulement elle est la seule que comporte définitivement le suffrage universel, mais parce qu'elle est aussi la seule qui permette d'entreprendre et d'accomplir radicalement les réformes légales, administratives, financières, économiques, que réclame impérieusement l'état démocratique sous peine de subversion sociale, laquelle serait le triomphe de l'ignorance, de la violence et de la barbarie, au lieu d'être le règne de la science, de l'équité et de la civilisation.

Vienne le jour où la conclusion de la paix remettra ces réformes à l'ordre du jour de la discussion, et les républicains exclusifs, qui m'accusent faussement d'être réactionnaire, verront si cette accusation est méritée, et s'il en est parmi eux qui soient descendus plus résolûment que moi au fond des problèmes sociaux les plus urgents, mais aussi les moins faciles à résoudre.

Qu'est-ce donc que l'impôt sur le capital, si ce n'est, — non pas l'impôt inquisitorial sur les riches, qui les effraie, et conduit à la proscription par la pente du mensonge, — mais l'impôt équitable sur la richesse, agissant comme agit la prime d'assurance payée par l'armateur qui met un navire à la mer, ou par un propriétaire qui veut se garantir, soit contre le risque d'incendie, soit contre tout autre risque? Il y a vingt ans au moins que j'ai attaché mon nom à cette formule fiscale :

« Qui a beaucoup paye beaucoup;

» Qui a peu paye peu;

» Qui n'a rien ne paye rien. »

Il y a vingt ans au moins que je demande que l'impôt ne se perçoive plus que sur le *net*, au lieu de se percevoir sur le *brut*, ce qui est une iniquité et une stupidité, puisque c'est confondre le passif avec l'actif, et mettre les dettes au rang de matière imposable.

Dans cet ordre de réformes, qui m'a dépassé?

J'en appelle à tous ceux qui ont lu la *Politique universelle*, dont j'ai fait paraître la première édition à Bruxelles, en février 1852, alors que j'avais été éloigné de France par le décret du 9 janvier, contresigné Morny.

Banni du coup d'Etat de 1851, je n'avais conservé contre lui aucun ressentiment; détenu de la République de 1848, je n'ai gardé contre elle aucune rancune.

De 1852 à 1870, je n'ai épargné aucun effort pour que l'Empire devînt la liberté et mes efforts n'étaient pas restés vains; c'est la même tâche qui, dans des circonstances suprêmes, m'a fait considérer comme un devoir de reprendre la plume, quoique je fusse en droit de prétendre que l'heure de la retraite avait sonné pour moi. Je garderai la même impartialité, la même persévérance, la même patience.

Après cette déclaration, les républicains que j'ai défendus pendant vingt ans contre la réaction, persisteront-ils encore à m'appeler « réactionnaire? »

LA GUERRE A OUTRANCE

Bordeaux, 28 octobre 1870.

Dans les épreuves suprêmes que nous subissons, épreuves où il s'agit de l'intégrité de la France, de la conservation de son rang en Europe, et de son avenir, où est le vrai? avec qui est-il?

Est-ce avec les patriotiques circulaires des 6, 21 septembre et 18 octobre, de M. Jules Favre, déclarant qu'il ne traitera que pour « une paix durable, parce qu'une paix honteuse serait une guerre d'extermination à courte échéance? »

Est-ce avec les non moins patriotiques tentatives de M. Thiers pour obtenir, à défaut d'une médiation armée, qu'au moins l'Autriche, la Grande-Bretagne, l'Italie, la Russie interviennent diplomatiquement près du roi de Prusse, ayant son cabinet à Versailles, en faveur d'un armistice motivé sur la nécessité de convoquer une Assemblée nationale qui prononce valablement, soit sur la continuation de la guerre à outrance, soit sur la continuation de la paix?

Telle est la double question sur laquelle je réfléchis depuis quinze jours, après avoir recueilli, à Tours, les deux opinions contradictoires, l'une représentée par les membres de la délégation du Gouvernement de la défense nationale, l'autre représentée par M. Thiers, M. Grévy et un petit groupe d'anciens membres du Corps législatif.

Après mûres, très-mûres réflexions, mon avis est,

que poursuivre simultanément les deux buts opposés est une faute, plus qu'une faute, une inconséquence.

Que conseille, que prescrit la logique, trop rarement consultée, trop souvent dédaignée par la politique superficielle ?

Elle conseille, elle prescrit d'abandonner toute négociation d'armistice et d'ajourner toute convocation d'une Assemblée nationale, jusqu'au lendemain du jour où un effort suprême et décisif aura été fait soit pour dégager Paris en dégageant Metz, soit pour dégager Metz en dégageant Paris.

Si cet effort est heureux, ce ne sera plus l'envahisseur qni dictera les conditions de la paix, ce sera l'envahi, ce ne sera plus la Prusse, ce sera la France.

Si, au contraire, cet effort a contre lui l'opiniâtreté de la victoire, si cette opiniâtreté démontre que, soit par le manque de chefs et de cadres, soit par le manque de cohésion, de discipline et de confiance des soldats, soit par le manque de fusils, de cartouches et d'artillerie, la résistance nationale ne saurait aboutir qu'à de nouveaux et de plus grands désastres, alors, mais alors seulement, il sera temps de retirer le gouvernail aux membres qui se sont conférés à eux-mêmes « la mission de délivrer la France de l'étranger, » puisqu'ils auront été impuissants à la remplir, et de le confier aux négociateurs de la paix, à des conditions qui soient ratifiées par la nation, soit *directement* par voie de plébiscite ou vote national, soit *indirectement* par voie d'élections générales et convocation d'une Assemblée législative.

Dans ce cas, selon que l'Europe, menacée par la Prusse enivrée de ses victoires de 1866 et 1870, remportées sur l'Autriche et sur la France, interviendra ou n'interviendra pas, soit sous forme de Congrès, soit sous forme de coalition, la paix sera plus ou moins douloureuse à subir; mais nul, ni à Lyon, ni à Marseille, ni ailleurs, ne sera fondé à prétendre qu'elle a été faite trop facilement ou trop tôt.

Il n'y a qu'une seule manière de réduire à l'impuissance et à la résignation les partis exaltés, c'est de procéder rationnellement, c'est de ne pas confondre ce qui s'exclut, c'est de suivre *l'ordre successif* et non *l'ordre simultané* ; ce dernier voulant mener de front la guerre et la paix, les affaiblit l'une par l'autre, et de plus leur donne les dehors de la duplicité. Il faut bien se garder de rien faire qui autorise l'envahisseur à croire que, de la part de l'envahi, les grands mots de guerre à outrance ne sont qu'une manœuvre trompeuse pour obtenir la paix à des conditions moins désastreuses ; autrement, comment expliquer les négociations d'armistice?

Car de deux choses l'une : ou, malgré une sucession de revers ayant pour cause le plus impardonnable optimisme, la France conserve encore en elle assez de forces, assez de ressources pour rejeter de son territoire l'ennemi qui le ravage, et le punir des innombrables actes de barbarie dont il ne craint pas de donner au monde civilisé le honteux et interminable spectacle, et alors pourquoi un armistice qui ne servirait qu'à retarder le jour du châtiment exemplaire, pourquoi une Assemblée prématurée qui ne servirait qu'à donner la parole aux dissidences profondes dont la tribune rétablie romprait l'état de trêve patriotique?

Ou il ne reste plus à la France aucun moyen de prolonger la lutte avec la plus faible chance de triomphe, si chèrement qu'il doive être acheté, et, alors, pourquoi se bercer dans des illusions funestes, pourquoi perdre le temps à débattre d'irritantes questions, telles que celles de savoir si l'armistice de Paris s'étendra à Metz ; si l'une et l'autre ville pourront recevoir, au jour la journée, la quantité de vivres nécessaire à la nourriture de leurs habitants, sans qu'ils soient obligés d'entamer leurs approvisionnements existants ; si les communications seront réciproquement libres entre Paris et les départements appelés à élire une Assemblée nationale, au moyen du suffrage universel, sans qu'aucuns départements soient exceptés? etc., etc.

Dans l'une, comme dans l'autre hypothèse, pas d'armistice qui serait un contre-sens; pas d'armistice sur les conditions préliminaires duquel il serait plus difficile de se mettre d'accord que sur les conditions définitives de la paix.

Donc, pas d'Assemblée nationale élue intempestivement, qui discute, délibère et vote dans l'obscurité de l'incertitude ; qui devance la victoire ou qui préjuge la dernière défaite.

Telle est la conclusion à laquelle je suis arrivé par le long et pénible chemin de tous les doutes, de toutes les réflexions, de toutes les perplexités.

Cette conclusion est aussi celle qu'a adopté le *Courrier de la Gironde;* je suis donc d'accord sur le fond avec lui, quand il la formule en ces termes :

La guerre à outrance ;

Oui, la guerre à outrance, menée avec la plus grande vigueur jusqu'à la revanche éclatante, ou jusqu'à la défaite décisive.

C'est le vrai !

UNE ANNÉE D'HÉROÏSME

Bordeaux, 30 octobre 1870.

La huitième livraison des *Papiers trouvés au palais des Tuileries*, contient une lèttre importante du général Ducrot au général Frossard.

Cette lettre est datée du 28 OCTOBRE 1868.

Elle rend compte d'une conversation que le général a eue avec la comtesse de Pourtalès, fille de M. de Bussière, député de Strasbourg, mais ayant épousé un prussien, conséquemment impartiale et non suspecte.

Voici textuellement cette conversation telle que la rapporte le général Ducrot :

Le général Ducrot à la comtesse de Pourtalès :

Eh quoi ! vous embouchez la trompette de Bellone juste au moment où, de tous côtés, on ne parle que des intentions pacifiques de nos bons voisins !

La comtesse de Pourtalès au général Ducrot :

Oh ! général, c'est ce qu'il y a d'affreux. Ces gens-là nous trompent indignement et *comptent bien nous prendre* DÉSARMÉS... Oui, le mot d'ordre est donné : en public, on parle de paix, du désir de vivre en bonnes relations avec nous ; mais lorsque dans l'intimité, on cause avec tous ces gens de l'entourage du roi, ils prennent un air narquois et vous disent : Est-ce que vous croyez à tout cela ? Ne voyez-vous pas que les événements marchent à grands pas, que rien désormais ne saurait conjurer le dénoûement ? Ils se moquent indignement de notre gouvernement, de notre armée, de notre garde mobile, de nos ministres, de l'empereur, de l'impératrice, prétendant qu'*avant peu la France sera une nouvelle Espagne !* Enfin, croiriez-vous que le ministre de la maison du roi, M. de Schleinitz, a osé me dire qu'*avant dix-huit mois, notre Alsace serait à la Prusse !* Et si vous saviez quels énormes préparatifs se font de tous côtés, avec quelle ardeur ils travaillent pour transformer et fusionner les armées des États récemment annexés, quelle confiance dans tous les rangs de la société et de l'armée !... Oh ! en vérité, général, je reviens navrée, pleine de trouble et de craintes. Oui, j'en suis certaine, maintenant, RIEN, NON RIEN, NE PEUT CONJURER LA GUERRE !

Cette conversation est une importante pièce à classer et à conserver dans le dossier du procès qui s'instruira lorsque l'heure de l'impartialité et de l'histoire aura sonné, et qu'il s'agira de juger souverainement quel a été le véritable auteur de la guerre de 1870.

Nul doute que l'histoire ne déclare que ce fut le gouvernement prussien, à qui ne suffisait déjà plus la victoire qu'il a remportée en 1866 sur l'Autriche ; à qui ne tardera pas à suffire la victoire qu'il aura remportée en 1870 sur la France, si la victoire lui reste définitivement ; à qui il faudra successivement, — à moins qu'une coalition armée ne l'arrête dans sa course triomphante, — le Danemark, la Hollande, la Belgique, le port de Trieste, une portion de la Suisse, les huit millions d'Allemands qui n'ont pas encore cessé d'être sujets de l'Autriche, et aussi ceux qui, riverains de la Baltique, sont sujets de la Russie.

Le gouvernement prussien ne s'arrêtera plus, s'il s'arrête, qu'après qu'il aura réuni sous le même sceptre tous les départements, tous les cantons, toutes les provinces où l'allemand est la langue natale et qu'après qu'il se sera approprié tous les ports nécessaires à l'entier développement de la marine et du commerce de « LA GRANDE PATRIE ALLEMANDE. »

Ce qui restera uniquement à la charge du gouvernement français, mais ce qui sera la condamnation de l'Empire, c'est l'aveuglement de son optimisme, c'est sa coupable incurie, lorsque de toutes parts, et des sources les plus différentes, lui venaient les mêmes avertissements salutaires.

Il avait à Berlin un ambassadeur et un attaché militaire ; il avait dans toutes l'Allemagne des consuls qui l'ont certainement renseigné avec exactitude sur les forces militaires de la Prusse et sur ses tendances à l'envahissement presqu'illimité, toujours sous prétexte de « rectification de ses limites » ; il avait, ce qui eût pleinement suffi pour l'éclairer, il avait, — car il est inadmissible qu'il ne l'eût pas, — sur le bureau de son ministre de la guerre, toutes les lois organiques de l'armée prussienne : comment donc expliquer que de 1867 à 1870, le maréchal Lebœuf et son prédécesseur, le maréchal Niel, n'aient rien trouvé de plus et de mieux à proposer aux Chambres législatives, que la création *sur le papier* d'une garde nationale mobile, dont le vrai nom eût été *garde nationale illusoire* ; car pendant toute la seconde moitié de l'année 1868, pendant tout le cours de l'année 1869, et pendant toute la première moitié de l'année 1870, il semble que le Gouvernement impérial se soit appliqué à ne pas la réunir et à ne pas l'instruire, afin sans doute, de n'avoir pas à l'armer ? C'est là un crime qu'aucune expiation, si inexorable qu'elle soit, serait insuffisante à racheter.

Mais si ce crime impardonnable est celui des ministres

de l'Empire qui se sont succédés de septembre 1866 à septembre 1870, est-il juste d'en rendre solidaires les sentinelles vigilantes qui n'ont cessé d'insister sur le danger que présentaient nos détestables frontières de 1815, frontières ouvertes à l'ambitieux ennemi, aux mains duquel étaient les clefs des forteresses qui, au lieu de nous défendre, nous menaçaient et nous emprisonnaient?

Je ne m'en cache pas; pourquoi m'en cacherai-je puisque je n'avais pas d'autre mobile que le plus pur patriotisme? J'étais du nombre de ces sentinelles portant les noms glorieux de Chateaubriand, d'Augustin Tierry, de Lamartine et de Victor Hugo, pour ne citer que des écrivains et ne pas citer Philippe-le-Bel, Charles VII et Henri II, Sully, Richelieu et Mazarin, Vauban et Danton.

Le cri poussé par Châteaubriand était celui-ci :

La Prusse s'est agrandie du duché ou du Palatinat de Posen, d'un fragment de la Saxe et des principaux cercles du Rhin ; son poste avancé est sur notre ancien territoire. Paris tombé, l'expérience prouve que la France tombe. Aussi il est vrai de dire que notre indépendance nationale est livrée à la CHANCE D'UNE SEULE BATAILLE et à une GUERRE DE HUIT JOURS.

Le cri jeté par Augustin Thierry, notre grand historien national, n'était pas moins expressif :

« Quelle que soit notre fortune, bonne ou mauvaise, l'idée de reprendre nos frontières naturelles ne se perdra jamais ; elle est profondément nationale, et profondément historique.

Le cri répété par Lamartine n'a pas cessé d'être vrai :

« Sont-ils donc éternels et immobiles comme ces fleuves et ces montagnes que la nature a donnés pour traités non écrits entre les peuples? Qui oserait le dire? Non, un jour viendra, il est près peut-être, où ces traités se déchireront d'eux-mêmes, devant la force des choses. »

Le cri de Victor Hugo a mérité de rester gravé dans toutes les mémoires patriotiques :

Il faut, pour que l'univers soit en équilibre, deux grands Etats du Rhin : l'Allemagne sur la rive droite, la France sur la rive gauche.

Ou condamnez Châteaubriand, Augustin Thierry, Lamartine, Victor Hugo, ou reconnaissez que, pensant comme eux, j'ai eu raison de conclure comme eux et de demeurer fidèle à la politique de la République, première du nom, à la politique de 1801 !

L'ingérence de la France dans les affaires de l'Allemagne, rive droite du Rhin, m'a toujours eu pour constant adversaire. Je n'ai jamais approuvé ni la politique comminatoire de la rive gauche du Mein, ni la politique conditionnelle du Zuyderzée, si bruyamment portées par M. Rouher à la tribune du Corps législatif, parce que c'était la guerre expectante sans la restitution à la France de ses limites naturelles, de ses limites nécessaires, de ses limites républicaines de 1801.

Jamais les illusions ne m'ont aveuglé ; et je le prouve par ces courtes citations à une année de distance l'une de l'autre :

1866. 2 septembre. — Ou il faut que la France repousse avec insistance la question de désarmement, ou il faut que la France ait un régime de recrutement qui lui permette d'opposer un effectif de UN MILLION CINQ CENT MILLE HOMMES à un effectif égal, car si avec une population de dix-neuf millions d'habitants, la Prusse disposait d'un effectif de *sept cent quarante-trois mille hommes*, cet effectif avec une population double ne tardera pas à être doublé.

1867. 1er novembre. — Les complications ont commencé.

Où s'arrêteront-elles ?

Elles ne s'arrêteront plus.

1868, 1er janvier. — Si la guerre entre la France et l'Allemagne est logiquement inévitable, si elle est fatale, si elle doit s'allumer même contre le désir et la volonté de l'Empereur des Français et du roi de Prusse, de M. Rouher et de M. de Bismark, alors elle est imminente et ne tardera pas à embraser l'Europe.

Si la guerre est imminente, la loi que défendent MM. Niel Rouher et Gressier n'était évidemment pas la loi qu'il fallait présenter. Au lieu de fortifier l'armée, cette loi l'affaiblit.

Dès que le gouvernement impérial ne se contentait pas de la loi de 1832, dès qu'il ne la trouvait pas suffisante, quel but devait-il se proposer?

Un seul.

A tout prix gagner la première bataille.

Pour la gagner que faut-il?

Devant l'ennemi, TOUS SOLDATS FRANÇAIS AGUERRIS.

Derrière eux, l'élan national que donne la liberté.

13 janvier. — La diplomatie européenne a les yeux fixés en ce moment sur le Parlement douanier de l'Allemagne, dont il se pourrait bien que sortit brusquement la fusion des deux Confédérations dites l'une de l'Allemagne du Nord et l'autre de l'Allemagne du Sud. La diplomatie se demande avec anxiété : « Dans ce cas, que dira la France? »

Si nous avions voix au chapitre, la France laisserait faire ét ne ferait rien.

La France n'a rien à voir dans l'exécution du traité de Prague.

La France n'a à se mêler à rien de ce qui se passe ou se passera sur la rive droite du Rhin et la rive gauche du Mein.

Le sang français appartient exclusivement à la France; c'est notre maxime; réglons sur elle désormais notre politique.

Que la France laisse donc les Allemands s'unir entre eux à leur gré!

Plus l'Allemagne se sera agrandie, et plus la France, prenant toute l'Europe et tous les peuples a témoin, sera fondée à revendiquer ce qui lui a légitimement appartenu, ce qui constitue : *l'Unité géographique de la France.*

Que l'Allemagne soit unie et que la France soit une!

Que le gouvernement impérial réduise toute sa politique extérieure à cette seule phrase, et derrière lui il ne tardera pas à avoir, sans distinction de partis, de fortune ni d'âge, tous les Français, car tous veulent le désarmement de l'Europe, et ce désarmement, il ne faut pas s'abuser, n'aura plus lieu qu'après une grande guerre résolûment entreprise et promptement terminée.

7 avril. — A cette question :

Aurons-nous la guerre?

Les hommes répondent : non.

Les choses répondent : oui.

Qui l'emportera des choses sur les hommes, ou des hommes sur les choses?

L'écho redit : les choses.

1869. 1er janvier. — La paix précaire, dont la rupture n'a tenu qu'à un fil en 1868, de l'aveu même du comte de Bismark, la paix, toujours à la merci d'une allumette, ne saurait se prolonger au-delà de 1869.

Aux nations qui ont une grande industrie et un grand commerce, il faut, à l'état de règle et d'habitude, un autre lit qu'un lit de camp.

Laissons, laissons aux Badois et aux Prussiens la pleine liberté de s'arranger entre Allemands! Gardons-nous strictement d'en faire l'objet d'aucune représentation, encore moins d'aucune note soit verbale, soit écrite; respectons scrupuleusement leur liberté, mais assurons notre sécurité autrement que par un rempart à perpétuité de 900,000 baïonnettes!

L'unification de l'Allemagne aurait dû se faire avec nous; faite contre nous, elle pèsera sur le règne de l'empereur Napoléon III aussi lourdement et aussi longtemps qu'à pesé, et que pèse encore sur le règne de Louis XV, le partage de la Pologne.

1870. (Les *Questions de mon temps* s'arrêtent à la fin de l'année 1869, et la collection de la *Liberté* me manque; je ne puis donc compléter ces citations de 1866, de 1867, de 1868 et de 1869 par une citation empruntée au premier semestre de 1870.)

Si, en juillet 1870, le gouvernement impérial s'est laissé surprendre par l'incident Hohenzolhern, ce piége tendu par la Prusse, ce ne seront pas, on le voit, les avertissements qui lui auront manqué sous toutes les formes, articles du journal la *Liberté*, lettre du 13 juillet 1866 de la reine de Hollande, conversation du 28 octobre 1868 de la comtesse de Pourtalès, transmise par le général Ducrot au général Frossard, aide de camp de l'empereur Napoléon III et gouverneur de son fils.

La guerre entre la France et la Prusse était inévitable, fatale, car si elle n'eut pas éclaté à l'occasion de la candidature Hohenzollern, elle eut éclaté, soit à l'occasion de la rive gauche du Mein, soit à l'occasion du Zuydersée, à moins que la France ne trouvât tout simple que la Prusse démembrât la Hollande, comme elle a démembré le Danemark, et s'emparât du port d'Amsterdam comme elle s'est emparée du port de Kiel.

Il n'y avait que deux moyens de contenir la Prusse, c'étaient ceux qu'en janvier 1868 j'ai indiqués en ces termes :

Deux voies conduisant au désarmement, demeurent encore ouvertes.

La voie des peuples :

La France adressant à tous les peuples un manifeste où elle leur dirait :

« Peuples, j'ai confiance en vous, je désarme; exigez de » vos gouvernements qu'ils suivent l'exemple que je leur » donne au nom de l'humanité, au nom de la moralité, au » nom de la liberté. » .

La voie des gouvernements :

La France, adressant à tous les gouvernements un manifeste où elle leur ferait connaître sa pensée, toute sa pensée, sur les questions en suspens, et où elle leur dirait :

« Gouvernements, puisque vous êtes restés sourds au loyal » et pacifique appel qu'à l'automne de 1863 je vous ai adressé, » que le canon vous ouvre les oreilles, et qu'au printemps de » 1868 il prononce! La France, qui s'est rendue compte du » danger, ne veut pas demeurer plus longtemps exposée au » risque de périr sous « *un passé qui s'écroule.* » Elle prend » vos peuples pour juges de sa conduite et de la vôtre. »

Même la préférence étant donnée à cette dernière voie, la moins bonne et la moins sûre, ce n'était pas *neuf années de service* qu'il fallait imposer à tous les Français âgés de vingt ans ; c'était *une année d'héroïsme* qu'il fallait demander à tous les Français déjà aguerris et à tous les volontaires exaltés par le triomphe de cette grande idée réparatrice :

Le désarmement de la force par la force.

Ce que je demandais à la France en 1868, c'est ce que les événements que j'avais prévus lui imposent en 1870 :

« *Une année d'héroïsme!* »

LETTRE A M. LÉON GAMBETTA

A M. Léon Gambetta, ministre de l'intérieur et ministre de la guerre.

Bordeaux, le 9 novembre 1870.

« Monsieur le ministre,

» Quoique aucun de mes avis opportunément donnés et dont les événements ont toujours attesté la justesse, n'ait été pris en considération, après comme avant le 4 septembre, je n'en regarde pas moins comme un devoir envers mon pays, de persister à combattre le funeste aveuglement de ceux qui le conduisent à l'abîme.

» Clairvoyance oblige.

» Après la désastreuse nouvelle de la capitulation de Sedan, le 3 septembre, je m'empressais de remettre à votre collègue M. Guyot-Montpayroux, l'un des membres de la commission pour la défense nationale élue par le Corps législatif, une Note sommaire dans laquelle j'indiquais que la ligne la seule droite, la plus courte, la plus sûre, était de faire revivre la Constitution du 4 novembre 1848, et aux termes de cette Constitution, votée par neuf cents représentants du peuple élus par le suffrage universel, de procéder sans aucun retard, d'abord à l'élection d'un président de la République, et le dimanche suivant à la nomination d'une Assemblée législative.

» Cet avis, ni aucun autre, ne fut adopté par la commission du Corps législatif qui, perdant inconsidérément les heures en vaines délibérations, laissa à l'invasion populaire, ce qui était facile à prévoir, le temps de se substituer à la représentation nationale.

» Profondément convaincu que l'issue que j'avais indiquée dans la soirée du 3 septembre était la seule que comportait la situation, je me rendais le jeudi 8 septembre chez M. le général Trochu, président du Gouvernement de la défense nationale, et je lui remettais le projet de décret qui a paru dans la *Liberté*.

» Le lendemain vendredi 9 septembre j'allais au ministère de l'intérieur vous faire part de cette communication, en vous signalant les retards, les difficultés, les complications, les périls que susciterait la convocation d'une Assemblée constituante et, dans le cas de non-convocation de cette Assemblée les objections, les unes spécieuses, les autres péremptoires, que le gouvernement prussien ne manquerait pas de vous opposer, soit qu'il y eut lieu de débattre les conditions d'un armistice, soit qu'il y eut lieu de signer un traité de paix, car en cas de guerre il y a deux hypothèses inséparables : la victoire et la défaite qu'il faut prévoir. Vous le savez! pas de traité possible, s'il n'y a au moins deux parties contractantes; pas de traité valable si elles n'ont des pouvoirs en règle.

» Vous êtes arrivé à Tours le dimanche 9 octobre; le lendemain lundi 10 octobre dans l'entretien que nous avons eu, je revenais à la charge sans plus de succès cette fois, non pas que vous contestassiez la justesse de ma proposition, mais parce que, me dites vous, la délicatesse de votre situation personnelle ne vous permettait pas de l'accueillir. Cependant il était certain, il était manifeste que, si la victoire n'abandonnait pas le drapeau prussien pour revenir au drapeau français qui l'avait si longtemps et si souvent abritée, toute négociation d'armistice ayant pour objet la convocation d'une Assemblée constituante, rencontrerait, pour première et inévitable pierre d'achoppement, l'inextricable question du ravitaillement de Paris et des autres places investies; car le moindre délai que puissent nécessiter premièrement des élections générales, deuxièmement la vérification des pouvoirs, et troisièmement la constitution régulière d'une Assemblée nationale de 767 membres, c'est de 20 à 30 jours. Pour ne pas appercevoir cette pierre d'achoppement, il fallait ou être aveugle ou avoir sur les yeux l'épais bandeau d'illusions insensées.

» L'infranchissable cercle, dans lequel le gouvernement que vous personnifiez à trois titres, s'est enfermé, comme à plaisir, s'étant de plus en plus resserré, puisque du 16 septembre au 9 novembre, Paris a déjà consommé cinquante jours de son approvisionnement de vivres, que reste-t-il à faire?

» A cette question que je me suis posée avec engoisse, voici la seule réponse que m'ait suggérée ma constante habitude de *convertir l'obstacle en moyen* :

» Demander à l'un des membres du Corps diplomatique qui sont à Tours, et qui ont reconnu le Gouvernement du 4 septembre, de se faire autoriser par son gouvernement à se rendre au quartier général Prussien, pour lui dire :

» La Prusse et la France ont, l'une et l'autre, le » même intérêt à ce qu'une question préalable et in» surmontable de qualités et de forme ne vienne pas » se placer entr'elles, le jour où la nécessité s'impo» sant impérieusement à elles, aura mis les deux par» ties belligérantes d'accord sur le fond. Ce qui a em» pêché la signature de l'armistice proposé par l'Au» triche, la Grande-Bretagne, l'Italie et la Russie, c'est » votre refus de laisser Paris se ravitailler pendant les » vingt-cinq jours que les électeurs voteraient dans » tous les cantons de la France, et que les élus se » constitueraient. Eh bien ! puisque le ravitaillement » de Paris est l'écueil, le Gouvernement français re» nonce à en faire une condition; il consent à ce que » l'armistice se borne à une simple suspension d'armes » de quatre jours, pendant lesquels, la France, faisant » revivre la Constitution du 4 novembre 1848, et la loi » électorale du 15 mars 1849, élira un président de la » République. Seulement, pendant ces quatre jours,

» Paris et les départements auront toute liberté de cor-
» respondre par voie télégraphique, et par voie pos-
» tale. »

» Je pense que si elle était faite au roi Guillaume et au comte de Bismark, par l'un des membres du Corps diplomatique, d'accord avec la majorité des membres du Gouvernement du 4 septembre, cette proposition aurait toute chance d'être agréée; dans ce cas, la France aurait ce que présentement elle n'a pas; elle aurait un pouvoir exécutif régulièrement élu et fonctionnant légitimement, conséquemment apte à contracter.

» De plus, le choix qu'elle ferait serait une indication de son opinion sur la continuation de la guerre à outrance, ou sur l'ajournement de la revanche.

» J'ai vu par mes yeux combien le tourbillon qui vous enveloppe, vous laisse peu de temps à donner à l'examen des communications les plus importantes ; je me borne donc à une simple énonciation dont votre esprit tirera sans effort tous les développements qui sont en elle.

» A chacun son devoir :

» J'ai fait le mien, faites le votre,

» Recevez, monsieur le ministre, mes salutations.

» ÉMILE DE GIRARDIN. »

L'ANCRE DE SALUT

11 Novembre 1870

Nos victoires de 1854 sur la Russie, et de 1859 sur l'Autriche nous avaient rendu présomptueux et téméraires; nos échecs sans interruption depuis Wissembourg jusqu'à Sedan, Metz, Orléans, Verdun, Dijon, etc., doivent nous rendre modestes et prévoyants.

Allons donc jusqu'à prévoir le cas où finalement le général qui commande en chef l'armée de la Loire, ne serait pas plus heureux que ceux de ses frères d'armes dans lesquels nous avions mis notre espoir, et où Paris impuissant à rompre le cercle de fer, de bronze et d'acier qui l'investit, serait contraint par la famine à capituler et à subir, si dures qu'elles soient, les conditions de l'envahisseur.

A moins que, par un retour éclatant de fortune, nous ne réussissions à dicter la paix au lieu de la subir, il faudra en débattre les clauses et les termes : qui aura qualités, qui aura pouvoir à cet effet, si le roi de Prusse ne veut admettre à traiter avec lui des conditions de la paix, qu'un gouvernement légitimé par le droit d'hérédité, ou légitimé par le vote de toute la nation consultée ?

Aucun des membres du gouvernement insurrectionel du 4 septembre auxquels a été posée cette question, le jour de sa naissance et plus tard, n'a jamais pu y répondre catégoriquement.

Dans le naufrage de ce grand navire qui se nomma glorieusement la *France*, la dernière ancre de salut qui reste, c'est la Constitution du 4 novembre 1848, parce que quatre jours de suspension d'armes suffiraient pour qu'elle nous mît en possession d'un gouvernement régulier dont la légitimité serait aussi incontestable qu'il est vrai que la Constitution du 4 Novembre 1848, œuvre de transaction et de pacification entre tous les partis de cette époque, est antérieure à la Constitution du 14 janvier 1852, œuvre de la volonté despotique d'un parjure. Est-ce que celle-ci eût jamais existé si celle-là n'eût pas été violée par son dépositaire ? Donc la seule de ces deux Constitutions qui soit incontestablement légitime est la première ; la seconde a pu être légitimée, mais la tache indélébile de sa naissance ne lui en est pas moins restée.

LES CONSÉQUENCES D'UNE INCONSÉQUENCE

12 novembre 1870.

Le grand grief des « Irréconciliables » contre le gouvernement qu'ils ont renversé le 4 septembre 1870, c'était d'avoir nuitamment violé, le 2 décembre 1851, la Constitution démocratique du 4 novembre 1848, qu'il avait solennellement juré de respecter et de défendre ; c'était de l'avoir déchirée et remplacée par une Constitution despotique, laquelle, dix mois après avoir proposé et adopté pour base la République décennale ayant la réélection du Président pour sanction de sa responsabilité, y avait substitué l'Empire héréditaire et la responsabilité illusoire.

Le 4 septembre, le lendemain du jour où Paris apprit la foudroyante et douloureuse capitulation de Sedan, le souffle de l'indignation populaire ayant emporté la Constitution du 14 janvier 1852, dont le texte original avait subi tant de changements qu'il n'en restait plus rien : que conseillait et que prescrivait la logique, d'accord avec la prévoyance ?

Elle conseillait et prescrivait de faire revivre immédiatement, à titre de réparation exemplaire, la Constitution du 4 novembre 1848, et toutes les lois — organiques et autres — qui en étaient les corollaires, notamment la loi électorale du 15 mars 1849 ; elle conseillait et prescrivait de considérer comme nuls et non avenus tous les actes qui y avaient porté atteinte, ainsi que toutes les nominations et promotions entachées de complicité ; elle conseillait et prescrivait enfin de faire ce qui eût été fait le 3 décembre 1851, si le coup d'Etat nocturne de la veille n'eût pas réussi.

Il se pouvait que cela fût rigoureux, très-rigoureux, mais la main sur la conscience, nul n'eût pu dire que cela n'eût pas été juste.

Cette conduite, pleinement conséquente, eût eu les avantages suivants :

Replaçant autant que possible les choses dans l'état où elles étaient le 2 décembre 1851, avant minuit, les vengeurs de la Constitution du 4 novembre 1848 n'eussent eu, le 4 septembre 1870, aucun acte à faire qui portât atteinte à la souveraineté nationale et au suffrage universel, aucun acte qui pût être taxé d'usurpation, aucun acte par lequel ils s'arrogeassent le pouvoir constituant, car la République revivant de plein droit, il eût été superflu de la décréter.

S'adressant à la France toute entière, s'adressant à l'Allemagne, s'adressant à l'Europe, les vengeurs de la Constitution du 4 novembre 1848 eussent été fondés à dire : « Si, au lieu d'être abusivement interprétée et traîtreusement séquestrée, la Constitution du 4 novembre, que nous venons de venger et de délivrer, eût été scrupuleusement respectée, ni l'expédition de Rome en juin 1849, ni l'expédition du Mexique en 1862, ni les événements d'Allemagne en 1866, qui ont été aux désastres de 1870 ce que la cause est à l'effet, n'eussent eu lieu, car à son frontispice se lisait cette inscription, qui contenait en quelques lignes tout le programme de la politique extérieure la plus large et la plus haute :

« LA RÉPUBLIQUE FRANÇAISE RESPECTE LES NATIONALITÉS ÉTRANGÈRES COMME ELLE ENTEND FAIRE RESPECTER LA SIENNE ; ELLE N'ENTREPREND AUCUNE GUERRE DANS DES VUES DE CONQUÊTE, ET N'EMPLOIE JAMAIS SES FORCES CONTRE LA LIBERTÉ D'AUCUN PEUPLE. »

S'appuyant sur cet irréprochable programme, ils eussent eu le droit de jeter ce cri d'indignation et de douleur :

« Oui, Français, si la Constitution de 1848 n'eût pas été violée, votre sol n'eût pas été envahi par les Prussiens, et votre histoire n'eût pas eu à enregistrer la capitulation de Sedan ! »

Et ils n'eussent eu que cette simple chose à faire : convoquer sans aucun retard les dix millions d'électeurs dont se compose la France électorale, à l'effet d'élire, aux termes de la loi du 15 mars 1849, les dimanche et lundi 18 et 19 septembre un président de la République et de nommer les dimanche et lundi 25 et 26 septembre, la nouvelle Assemblée législative, appelée à succéder à l'ancienne Assemblée législative, dont les pouvoirs eussent constitutionnellement expiré en mai 1852, si elle n'eut été violemment dissoute le 2 décembre 1851, par les baïonnettes d'une soldatesque déjà démoralisée.

Si les vengeurs de la Constitution du 4 novembre 1848 eussent agi ainsi, ils eussent été conséquents et n'eussent été en réalité le 4 septembre 1870, que ce qu'ils devaient être strictement, c'est-à-dire les président, secrétaire et scrutateurs d'un simple bureau électoral siégeant à l'Hôtel-de-Ville de Paris, et s'abstenant scrupuleusement, du 4 au 20 septembre, de tout acte de gouvernement qui engageât le pays sans son assentiment.

La République française, ayant repris, le 4 septembre 1870 légitimement son nom, ils n'eussent pas eu l'idée de chercher un autre nom et de s'appeler « *le Gouvernement de la défense nationale,* » car ils n'eussent pas eu à se faire pardonner d'inconséquence qui les embarrassât.

Quand on a pris un titre qui engage, on veut absolument le justifier.

Si les vengeurs de la Constitution du 4 novembre 1848 se fûssent honnêtement, logiquement renfermés dans leur rôle et dans leur droit, si, n'ayant pas d'usurpation à excuser, ils ne se fussent pas proclamés « *Gouvernement de la défense nationale,* » les choses eussent suivi un tout autre cours : Premièrement, n'étant pas ministre des affaires étrangères, M. Jules Favre n'eut pas écrit et expédié précipitamment sa Circulaire du 6 septembre, par laquelle il engageait irrévocablement la France et se liait imprudemment les mains ; deuxièmement, invoquant le programme de politique extérieure que j'ai cité plus haut et se retranchant derrière lui, la première pensée qui fut certainement venue aux vengeurs de la Constitution du 4 novembre 1848, eût été de dépêcher immédiatement l'un d'eux au quartier général prussien pour y proposer un armistice, motivé sur la nécessité : d'abord de pourvoir par l'élection d'un président de la République, au remplacement de l'Empereur déchu, et, par la nomination d'une Assemblée législative, au remplacement du Sénat et du Corps législatif emportés avec la Constitution du 14 janvier 1852, par le même souffle populaire; puis de dégager l'honneur de la France et la responsabilité de la République en portant au débit du compte de l'Empire, de son incurie et de son impéritie, l'immense part qui lui revenait exclusivement dans les désastres de la capitulation de Sedan.

Si, le 5 septembre 1870, l'armistice leur eut été ainsi proposé au nom de la République française, au nom d'un gouvernement légitime ayant repris son cours régulier, — interrompu le 2 décembre 1851 par un acte de violence et d'usurpation, — au nom d'un gouvernement irréprochable et indiscutable, nul doute que le roi de Prusse et son premier ministre, le comte de Bismark, ne se fussent empressés de l'accepter.

Reste à examiner sommairement qui, les dimanche et lundi 18 et 19 septembre, la France eut élu pour président de la République.

Eût-ce été le général Trochu gouverneur de Paris et commandant en chef de l'armée de Paris?

Eût-ce été M. Thiers ancien président du conseil et ministre des affaires étrangères?

Eût-ce été soit M. Léon Gambetta, soit M. Ledru-Rollin, dont je confonds ici les deux noms parce qu'ils ont la même signification? (Sous deux noms différents, c'est la même tradition. Ils ne diffèrent pas par les moyens, ils ne diffèrent que par les degrés.)

Le choix que la France eût fait, eût dépendu de sa volonté, soit de continuer à outrance la guerre contre l'envahisseur, soit d'ajourner sa revanche à l'époque où la désastreuse expérience qu'elle venait d'acquérir, lui aurait permis de faire disparaître les causes d'une infériorité temporaire.

Si la France eut jugé que son honneur exigeait la continuation de la guerre à outrance, elle eut nommé le général en qui elle eut eu la confiance la plus grande; si elle eut jugé, au contraire, qu'il était prudent de se donner le temps pour auxiliaire et pour allié, elle eut nommé le diplomate qui lui eut paru par son expérience, son habileté et son caractère, le mieux en situation de débattre les conditions d'un traité de paix, avec ou sans l'intervention diplomatique de l'Europe ; si enfin elle eut jugé que c'était le cas de faire appel à toutes les énergies, à toutes les forces révolutionnaires, elle eut nommé le tribun qui en eût été la personnification élevée à la plus haute puissance.

Dans l'un de ces trois cas, c'eut toujours été le pays qui eût souverainement prononcé, et la nomination de l'Assemblée législative n'ayant été séparée de l'élection du président de la République que par l'intervalle d'un dimanche à l'autre, Pouvoir législatif et Pouvoir exécutif eussent été animés du même esprit; ils eussent été identiques.

Cette homogénéité eut rendu impossible, en tout cas impuissante, toute tentative de guerre civile.

Cette fois c'eut été la République solidement fondée, car la double leçon de 1851 et de 1870 avait déjà coûté trop cher à la France, pour qu'elle n'en gardât pas ineffaçablement le souvenir préservateur.

O puissance de la logique ! O fécondité d'une idée juste !

Que d'irréparables désastres dans le passé, que d'immenses périls dans le présent, que d'inextricables complications dans l'avenir eussent été conjurés, si les vengeurs de la Constitution du 4 novembre 1848 eussent été conséquents, le 4 septembre 1870 ! s'ils l'eussent déployée pour en faire le glorieux drapeau, à l'ombre duquel le suffrage universel eût été appelé à élire, les dimanche et lundi 18 et 19 septembre, le président de la République française, et les dimanche et lundi suivants, l'Assemblée législative!

La remise en vigueur, le 4 septembre 1870, de la Constitution du 4 novembre 1848, eût eu ce double avantage :

Elle eût facilité la paix, si la France, consultée, eût été d'avis de la conclure ; et elle eût facilité la guerre, si la France, consultée, eût été d'avis de la continuer à outrance.

L'ÉLECTION HYPOTHÉTIQUE

Me replaçant au 4 septembre après la déchéance de l'Empire, prononcée, je suppose que la France, aux termes de la Constitution du 4 novembre 1848, eut été appelée, les 18 et 19 septembre derniers, à élire un président de la République, je me demande quelles eussent été les conséquences du choix qu'elle eut fait, si elle eut choisi soit M. Thiers, soit le général Trochu, soit M. Gambetta?

I

ÉLECTION DE M. THIERS

Le 20 septembre 1870 M. Thiers est proclamé président de la République : personnifiant le gouvernement français il traite de pair avec le gouvernement prussien quoiqu'il y ait entr'eux la distance de vainqueur à vaincu ; ayant été opiniâtrement opposé à la guerre de 1870, et cette opposition l'ayant fait élire, il est à son aise pour ouvrir une négociation de paix ; il l'ouvre ; mais si habile et si délié qu'il soit, il ne réussit ni à fléchir, les prétentions du roi Guillaume sur l'Alsace et la Lorraine, ni à coaliser l'Europe contre des prétentions menaçantes pour elle dans l'avenir : c'est vainement qu'il lui montre l'Empire d'Allemagne s'emparant successivement du Danemark, de la Hollande, de la Belgique, de Trieste et d'Anvers, absorbant tous les Allemands, — sujets autrichiens, sujets russes et sujets suisses, — et rompant de la manière la plus absolue tout équilibre européen; force lui est donc finalement de subir la loi du plus fort au même titre qu'en 1807 la Prusse consentît à son démembrement; au même titre qu'en 1815 la France consentît à l'abandon de ses limites naturelles, lesquelles lui avaient été concédées à perpépuité en 1801 par l'Empereur d'Allemagne et le Corps germanique; au même titre qu'en 1839 la Belgique consentît au retranchement du Luxembourg et d'une partie du Limbourg; au même titre qu'en 1864 le Danemark consentit à la perte de ses trois duchés de l'Elbe et de son port de Kiel. L'amputation d'un membre fracassé par une balle est une douleur, mais elle n'est pas un déshonneur.

La liquidation nationale du passif impérial opérée, le traité est soumis par le président de la République à l'Assemblée législative qui le ratifie comme en 1849, après la perte de la bataille de Novare et l'abdication du roi Charles-Albert, cédant aux supplications de Massimo d'Azeglio qui venait de le faire élire, le parlement italien, quoique pénétré de la plus profonde affliction, ratifia le traité par lequel l'Autriche stipulait qu'elle occuperait conjointement avec le Piémont la forteresse d'Alexandrie, jusqu'à complet paiement de la contribution de guerre fixée par le maréchal Radetzki. Les traités de 1807 et de 1849 ont-ils empêché l'unité géographique de l'Allemagne et l'unité géographique de l'Italie de se faire? Pourquoi n'en serait-il pas ainsi de l'unité géographique de la France? Pourquoi ne nous serait-il pas permis d'espérer que nous ne perdrions temporairement Strasbourg, Colmar Mulhouse, Metz que pour les recouvrer définitivement, en compagnie de Cologne, d'Aix-la-Chapelle, de Mayence, de Landau? Lorsqu'on a perdu au jeu une grosse partie, est-ce qu'il ne vaut pas mieux attendre patiemment que la veine soit revenue et gagner la revanche que de la perdre en jouant impatiemment sans désemparer? A défaut de mieux l'élection de M. Thiers eut été l'ajournement d'une immanquable revanche.

II

ÉLECTION DU GÉNÉRAL TROCHU

Le 20 septembre 1870, M. le général Trochu est proclamé président de la République française : personnifiant la continuation de la guerre contre l'envahisseur, il la poursuit à outrance, mais non désordonnément, car il est de ceux qui préfèrent les voies régulières aux voies révolutionnaires, et la méthode dans le recueillement à l'agitation dans le vide ; économe du sang français et des deniers du trésor public, avant de décréter confusément levées sur levées au risque de doubles emplois entre elles, au risque surtout d'arracher prématurément au travail des campagnes et au travail des villes des bras indispensables pour ne savoir qu'en faire au début et comment les exercer à l'apprentissage du fusil, sans fusil, il commence par faire dresser régulièrement l'inventaire, arsenal par arsenal, dépôt par dépôt, magasin par magasin, commune par commune, de toutes les *existences* en fusils à pierre, fusils à piston, fusils à tabatière, fusils Chassepot, fusils Remington, et c'est sur cet inventaire qu'il règle ses appels successifs sous les drapeaux de l'armée active de tous les valides de 20 à 40 ans par ordre échelonné de bans, murement et équitablement établis.

A l'armée active comprenant soldats et gardes mobiles entre lesquels a cessé toute distinction : les fusils Chassepots et les fusils Remington ; à l'armée sédentaire se composant de la garde nationale également échelonnée : les fusils à pierre, les fusils à piston, les fusils à tabatière répartis et distribués selon les régions de territoire plus ou moins menacées. Appels subséquents se succédant dans l'ordre annoncé au fur et à mesure que les achats de fusils et de canons à l'étranger et que la fabrication de fusils, de canons et de mitrailleuses à l'intérieur permettent d'augmenter l'effectif de l'armée active. Armement, habillement, dépôt, instruction et concentration de toutes les levées d'hommes *directement acheminées* dans des camps retranchés selon le plan reconnu ou présumé le meilleur pour former le plus vite possible les recrues au tir le plus juste. Discipline rétablie, non *sur le papier* à coups de décrets, mais en réalité par la confiance des soldats dans leurs chefs, ceux-ci étant toujours les premiers à donner l'exemple de l'assiduité aux exercices et du courage au feu. Nul, mieux que le général Trochu, ne sait que dans la discipline d'une armée il entre plus encore de confiance que d'obéissance. C'est ici le cas de faire remarquer que si l'inconséquence dont je me suis efforcé de conjurer les conséquences dès le 3 septembre, et contre laquelle, en toute occasion propice, je n'ai cessé de protester, n'eût pas été commise, le général Trochu fut certainement parvenu à délivrer le maréchal Bazaine et son armée, et peut-être même à secourir efficacement Strasbourg. Ce qui a eu lieu si calamiteusement depuis deux mois, ne doit pas être pris pour règle de ce qui fût arrivé, si l'immense tâche de la défense nationale n'eut pas été follement abandonnée, depuis le 14 septembre jusqu'au 9 octobre, aux mains septuagénaires de MM. Crémieux et Glais-Bizoin, aussi dénués, qu'il est possible de l'être, de toute faculté, de toute puissance d'organisation ; car, défaire le soir ce qu'on a fait le matin, c'est s'agiter, ce n'est pas agir ; et c'est s'ôter tout prestige, tout crédit, toute autorité. Du 14 septembre jusqu'au 9 octobre, et du 9 octobre jusqu'à ce jour, 12 novembre, quel temps précieux a été perdu, qui ne l'eût pas été si le général Trochu eut été élu président de la République et eut rétabli l'unité du pouvoir exécutif ! La preuve en est, dans ce qu'il a fait pour la défense de Paris, comparé à ce qu'a fait depuis cinquante-huit jours la délégation de Tours pour la défense nationale. C'eut été la force, ce n'eut pas été la fièvre.

III

ÉLECTION DE M. LÉON GAMBETTA OU DE M. LEDRU-ROLLIN

Le 20 septembre 1870, soit M. Léon Gambetta personnifiant la jeune République, soit M. Ledru-Rollin, personnifiant l'exil, est proclamé président de la République française : à des degrés différents, c'est l'emploi des mêmes moyens, lesquels consistent à décréter, à décréter encore, à décréter toujours sans jamais prendre la peine de se rendre préalable-compte de ce qui est praticable et de ce qui est illusoire. Je citerai ce seul exemple : lorsque les dictateurs de l'école révolutionnaire ont pompeusement décrété « *la levée en masse*, » ils s'imaginent que leur décret a eu la puissance magique de former instantanément les cadres nécessaires pour donner au soldat le degré de solidité dont il a besoin pour ne pas reculer sous le feu d'un ennemi supérieur par le nombre, supérieur par l'armement, supérieur par l'instruction laborieusement et longuement acquise, rompu à la fatigue, accoutumé aux privations et aguerri aux périls. Le courage a ses lois qu'on n'enfreint pas impunément. Le courage s'acquiert ; il ne se décrète pas. S'il est un parti qui ne justifie pas son nom, c'est assurément « *le parti avancé* » car il est en retard sur tout. La mémoire est la seule faculté dont il soit doué. Il ne sait que se souvenir. Ainsi, croit-il qu'en 1870 la guerre se fait encore comme en 1790, avant qu'il y eut partout des routes en grand nombre ; avant qu'il y eut des ponts jetés sur les rivières et les fleuves les plus larges ; avant que les chemins de fer et les télégraphes électriques fussent inventés ; avant que la vapeur appliquée à l'industrie et à la locomotion fut devenue la puissance qui a permis d'accomplir de véritables prodiges ; avant qu'existassent les canons à portée incommensurable, et les fusils tirant quinze coups à la minute, et, enfin, avant que le travail et l'épargne, tendant à universaliser le bien-être, eussent profondément changé le cours populaire des idées et des sentiments. Ce serait injustement que l'on accuserait M. Léon Gambetta d'avoir été avare de décrets depuis le 9 octobre, jour ou étant parti la veille de Paris en ballon, il est arrivé à Tours, en la triple qualité premièrement de membre du Gouvernement de la défense nationale, deuxièmement de ministre de l'intérieur, troisièmement de ministre de la guerre. Eh bien! du 9 octobre au 12 novembre, quel a été pendant ces trente-deux jours l'effet utile produit par ses décrets? Ont-ils dégagé Strasbourg? Ont-ils enlevé au maréchal Bazaine l'argument de la faim derrière lequel il se retranche pour justifier la capitulation qu'il a signée et qui a livré à la Prusse Metz avec cent cinquante mille prisonniers? Ont-ils empêché la prise sucessive d'Orléans, heureusement repris cette semaine, de Dijon, de Chartres, de Verdun? Ont-ils enfin constitué sur la Loire ou ailleurs une ou deux armées assez fortes pour que l'espoir de Paris qui attend d'elles sa délivrance, avant qu'ait sonné l'heure de la famine, n'aboutisse pas à la plus profonde, à la plus cruelle déception?

Le 20 septembre 1870, M. Léon Gambetta eut été proclamé président de la République, qu'il eut eu moins de pouvoir qu'il ne s'en est attribué depuis le 9 octobre qu'il exerce la dictature hors Paris. Il a donc donné largement sa mesure. M. Ledru-Rollin eut-il fait plus et mieux? Non, car M. Léon Gambetta et M. Ledru-Rollin appartiennent à la même école : celle de 1792. Cette école admise, M. Léon Gambetta a fait tout ce que cette école permettait de faire. Elle est la fièvre, elle n'est pas la force.

Lequel de ces trois choix faits par la France électorale les 18 et 19 septembre dernier eut été le meilleur?

Au lecteur à conclure et à prononcer.

Ce que j'affirme, c'est qu'ainsi rétablie, l'unité du pouvoir exécutif laissant à la responsabilité personnelle toute son étendue eut épargné beaucoup de temps irréparablement perdu, beaucoup d'argent follement dépensé, beaucoup de sang inutilement répandu.

L'AVEU DE LORD GRANVILLE

Bordeaux, 15 novembre 1870.

Le discours de lord Granville au banquet du lord-maire, se termine par cet important aveu :

« Nous désirons que la France et la Prusse conservent en Europe la situation due à leur rang. *Mais nous sommes maintenant dans une ignorance complète des moyens par lesquels on pourrait assurer la paix.* »

Ce très-important aveu du ministre des affaires étrangères de la Grande-Bretagne, met en pleine lumière l'énorme faute que les Irréconciliables ont commise, le 4 septembre 1870, en ne faisant pas revivre la Constitution du 4 novembre 1848, en même temps qu'ils proclamaient prématurément la déchéance de l'Empire, au lieu de laisser à sa charge et à son compte, ce qu'ils auraient dû faire s'ils eussent été plus habiles et moins passionnés, les dures et exorbitantes conditions arrogamment mises par le gouvernement prussien à la signature de la paix, après la capitulation de Sedan.

Il faudrait cependant aller au fond des choses, le débarrasser des lieux communs qui l'obstruent, et oser dire la vérité.

Or, le roi de Prusse et le comte de Bismark eussent-ils consenti à l'armistice de vingt-cinq jours, sans équivalent militaire (expression du comte de Bismark) qui leur était demandé par M. Thiers, que la question définitive de paix n'eût point fait un pas vers sa conclusion, car si une Assemblée délibérante peut et doit ratifier les traités, elle est d'autant plus impropre à les débattre qu'elle est plus nombreuse et que les partis dont elle est l'expression sont plus passionnés et plus intolérants.

Dès le 6 septembre, le roi de Prusse et le comte de Bismark ont formellement déclaré qu'ils ne consentiraient à signer la paix, que si la France leur abandonnait l'Alsace et la Lorraine, Strasbourg et Metz.

A cette déclaration, qu'ils ont réitérée en toutes occasions, M. Jules Favre a répondu invariablement par le maintien des termes de sa circulaire du 6 septembre : « La France ne vous abandonnera ni un pouce de son territoire, ni une pierre de ses forteresses. »

Si M. Jules Favre persiste dans les termes de sa réponse et si, de leur côté, le roi de Prusse et le comte de Bismark persistent dans les termes de leur déclaration dont l'Allemagne tout entière a pris acte, en quoi la situation serait-elle changée à l'expiration de l'armistice, à moins que l'Assemble contituante élue ne vote contre M. Jules Favre et ne le remplace au département des affaires étrangères par un ministre qui soit en 1870 ce que fut en 1815 le duc de Richelieu, ministre du roi Louis XVIII; ce que fût en 1839 le ministre belge qui signa l'abandon du Luxembourg et d'une partie du Limbourg; ce que fût en 1849 le ministre italien qui signa le traité autrichien imposé par le maréchal Radetzki après la bataille de Novare; ce que fût en 1856 le ministre russe qui, après la prise de Sébastopol, signa la renonciation à la souveraineté de la Mer noire; ce que fût en 1864 le ministre danois qui signa la convention donnant à l'Autriche et à la Prusse les trois duchés de l'Elbe et le port de Kiel; ce que fût en 1866 le ministre autrichien qui pour soustraire la ville de Vienne aux rigueurs et aux périls d'un siége, après la perte de la bataille de Sadowa, et obtenir la médiation de la France, offrit à l'Empereur Napoléon III, de lui donner toute la Vénétie, le port de Venise et le fameux quadrilatère autrichien?

Si ce but est celui que poursuivent, sans l'avouer, les ardents partisans de l'élection d'une Assemblée constituante, il serait je ne me lasserai pas de le répéter, bien plus rapidement et bien plus sûrement atteint par la remise en vigueur de la Constitution du 4 novembre 1848 et l'élection, aux termes de cette Constitution transactionnelle, du président de la République, puisqu'il suffirait pour que cette élection se fît pleinement, d'une courte et simple suspension d'armes de quatre jours, sans complication de ravitaillement avec équivalent militaire.

L'élection du président de la République aurait ce premier avantage qu'elle permettrait à l'opinion de la majorité électorale de la France de se faire jour tandis que la nomination, au scrutin de liste de 767 représentants du peuple, laisserait cette opinion en pleine obscurité : elle aurait ce second avantage qu'elle écarterait tous les débats incandescents qu'allumerait au sein d'une Assemblée constituante la discussion et le vote d'une nouvelle Constitution soulevant sans fin des questions sans nombre ; elle aurait enfin ce troisième et décisif avantage que la circulaire du 6 septembre signée Jules Favre ne péserait plus dans les balances de la paix que le poids qui serait déterminé par le suffrage universel. La France, qui depuis le 4 septembre a cessé de s'appartenir, rentrerait ainsi en pleine possession d'elle-même. On connaîtrait clairement sa volonté et il en serait tenu compte. Que pense de ce moyen lord Granville et s'il le trouve bon, pourquoi ne dirait-il pas hautement ce qu'il en pense ?

Hors de ce moyen, il n'y a que la guerre à outrance, mais la guerre à outrance c'est la guerre sans fin, car après tant d'échecs essuyés, après tant de villes fortifiées qui ont dû capituler et sont maintenant au pouvoir de l'envahisseur, parvinssions-nous à battre les Prussiens et à les forcer de reprendre en déroute le chemin de Landau, de Mayence, de Cologne, que ce ne serait pas encore la conclusion de la paix, à moins que l'Allemagne désabusée, ne se soulevât, non, cette fois, contre la France, mais contre le roi Guillaume, dont l'obstination aveugle est plus grande et plus inflexible encore que son ambition démesurée n'est inexorable.

Après l'entretien qu'ils ont eu à Ferrières, le 18 septembre, et qui a donné naissance de part et d'autre à des circulaires empreintes d'un esprit qui n'était pas celui de la conciliation réciproque, il serait difficile que MM. Jules Favre et de Bismark se trouvàssent de nouveau en présence sans se blesser une fois de plus; la dignité a creusé entre eux un abîme infranchissable; cet abîme ne pourra être franchi avec quelque chance favorable d'obtenir du gouvernement prussien des modifications à son ultimatum du 18 septembre, que si l'auteur de la circulaire du 6 septembre a renoncé à la parole pour la passer à un plénipotentiaire suprême de la France, qui, consacré par un vote national, puisse aborder M. le comte de Bismark sur un terrain nouveau, avec un titre nouveau ayant une autorité plus grande et une origine moins contestable. Si M. le général Trochu ou M. Thiers avait été élu et proclamé président de la République française, croit-on que la nouvelle négociation ouverte par l'un ou par l'autre avec le gouvernement prussien n'offrirait pas plus de probabilité d'aboutir que si elle était conduite par M. Jules Favre, qui, succédant au duc de Gramont, a hérité de son langage altier?

Tandis que nous sommes investis à Paris les évènements se pressent en Europe ; il se peut que les résolutions européennes les plus graves soient prises sans que notre voix ait plus compté que si nous avions cessé d'exister. Si la Prusse excelle à se battre, elle excelle encore plus à négocier; lorsqu'elle poursuit un but, rien ne lui coûte pour l'atteindre. Le traité secret qu'elle a conclu en avril 1866 avec l'Italie, en prévision de sa guerre contre l'Autriche, et sa célèbre lettre à M. Usedom sont là pour l'attester. L'alliance de la Russie, son association, sa complicité achetée au prix de l'annulation du traité de 1856, de la neutralisation du détroit des Dardanelles, si ce n'est même de la russification de Constantinople, ne paraîtraient pas au cabinet prussien un sacrifice trop grand et, en réalité, ce n'en serait pas un. Ce serait, sans nul doute, l'amoindrissement de l'Autriche, puissance danubienne, et de l'Angleterre atteinte dans sa suprématie maritime et dans sa politique séculaire, mais qu'importe à la Prusse le déclin de l'Autriche, le déclin de l'Angleterre! La politique du comte de Bismark n'est pas celle du prince de Metternich (l'ancien) adoptée par M. Thiers. Le chancelier de la Confédération du nord de l'Allemagne n'a pas la superstition de *l'équilibre européen* ; ce qu'il veut et ce qu'il réalisera sans difficulté, sans résistance, si notre politique persiste dans l'investissement auquel l'a condamnée M. Jules Favre, c'est *le partage européen*, c'est le partage de l'Europe entre la Prusse et la Russie.

C'est manifeste, mais c'est vainement que je le crie depuis longtemps [1] : ma voix, une fois de plus, se perdra dans le désert.

Il y a un mois, avant la capitulation de Metz, qui a couvert de honte trois maréchaux de France, j'insistais pour que nous fissions un effort suprême, un effort héroïque qui nous rendît l'Alsace et la Lorraine ou qui, si nous n'avions pas réussi à les reprendre, nous mît complètement à l'abri de l'accusation de les avoir trop facilement abandonnées au vainqueur germanique; mais depuis un mois, de graves, de très graves changements dans la situation se sont accomplis : Premièrement, la capitulation de Metz a rendu à deux cent mille prussiens leur liberté d'évolution sur le sol français; deuxièmement, Paris a trente jours de vivres de moins ; troisièmement, l'alliance prusso-russe a jeté le masque au nez de la Grande-Bretagne qui se tirera de cet affront en le lavant dans les eaux du Nil et du Canal de Suez. M. de Bismark à qui cela ne coûtera rien, sera généreux ; après avoir offert Constantinople à la Russie, il proposera Alexandrie, il proposera l'Egypte à l'Angleterre, dont la reine a marié une de ses filles au prince héritier de la couronne de Prusse.

Tels sont les fruits amers que portera ce titre malheureux trouvé, dit-on, par M. Henri Rochefort : « GOUVERNEMENT DE LA DÉFENSE NATIONALE », car c'est

[1] *Rome, Constantinople, Trieste* Lettre à M. Emile Olivier. 1868.

ce titre qui a engendré la circulaire du 6 septembre signée Jules Favre, laquelle a engendré, à son tour, l'investissement diplomatique de la France, qui est venu aggraver l'investissement militaire de Paris. Tout autre eut été le cours des choses, si le 4 septembre 1870, la Constitution du 4 novembre 1848, ayant été remise en vigueur par son antériorité et sa légitimité, le gouvernement se fut légitimement appelé de son nom, s'il se fut appelé tout simplement la RÉPUBLIQUE FRANÇAISE.

Ces grands mots « *Dignité nationale, honneur français,* » empruntés par l'irréflexion au dictionnaire des lieux communs, nous ont tous égarés ; un peuple n'est pas plus déshonoré parce qu'il a été vaincu dans une guerre, que n'est déshonoré un particulier qui a été blessé dans un duel. Il n'y a que la lâcheté qui déshonore un peuple ou un particulier. Si d'insignes lâchetés ont été commises, que la responsabilité en retombe exclusivement sur leurs indignes auteurs ! La France trahie, n'en est pas solidaire, car elle a montré qu'elle était, par sa vaillance, à la hauteur de tous les périls, et par son patriotisme, à la profondeur de tous les sacrifices.

Si l'armée de la Loire, qui a été si lente à se former, ne réussit pas en toute hâte à désinvestir l'armée de Paris et si les deux armées ayant opéré leur jonction ne parviennent pas à cerner l'armée prussienne et à l'acculer sous le feu de nos forts détachés, il faut qu'une voix ait, la première, le courage de s'écrier : « Assez, assez de sang répandu ! Assez, assez de soldats blessés et tués ! Assez, assez de simples citoyens fustigés, fusillés ! Assez, assez de femmes violées ! Assez, assez d'enfants égorgés ! Assez, assez de départements ravagés, réquisitionnés, ruinés ! Assez, assez de villes bombardées, incendiées ! Assez, assez, de maisons pillées, dévastées ! Assez et trop de tuerie et de barbarie ! L'honneur d'une nation n'exige pas qu'ayant tous, les désavantages de son côté, elle épuise toutes ses forces dans une lutte ; il conseille au contraire qu'elle les ménage et les réserve pour prendre sa revanche, quand aura sonné l'heure propice. »

C'est ce difficile courage que j'ai aujourd'hui 16 novembre, soixantième jour de l'investissement de Paris, après la reprise d'Orléans par notre jeune et vaillante armée que commandent le général d'Aurelles de Paladine et le général Martin des Pallières; n'étant plus retenu par la crainte qu'on mette mon changement de langage sur le compte de l'abattement ou du désespoir, je profite de cette occasion favorable pour relever l'aveu de lord Granville et lui répondre :

« Mylord, vous dites que vous êtes maintenant dans une ignorance complète des moyens par lesquels on pourrait assurer la paix ; il en existe un, c'est celui que j'ai indiqué en ces termes :

« Remise en vigueur de la Constitution du 4 novembre 1848 ;

» *Le Gouvernement de la défense nationale*, reprenant son vrai nom, et s'appelant légitimement : *République française ;*

» Élection immédiate du président de la République, sans autre armistice qu'une simple suspension d'armes de quatre jours ne nécessitant pas de ravitaillement ;

» Nomination ultérieure d'une Assemblée nationale, appelée à ratifier le traité de paix conclu ;

» Conférence ouverte entre le président de la République française et le roi de Prusse, l'un et l'autre assistés chacun de son ministre des affaires étrangères.

» Ce moyen, hâtez-vous de vous l'approprier si vous pensez que le concours de votre ancienne alliée de Crimée ne vous sera pas moins utile en 1870, qu'il vous le fût en 1854. »

Je conclus par ces mots : La France, en ce moment où elle aurait impérieusement besoin de voir distinctement ce qui se dessine à l'horizon politique, en est empêchée par un bandeau de baïonnettes prussiennes sur les yeux de Paris. Il faut qu'à tout prix elle fasse tomber ce funeste bandeau.

LE MEMORANDUM DE M. THIERS

Tours, 16 novembre 1870.

A M. Détroyat, directeur de la LIBERTÉ.

« Mon cher Ami,

» Depuis hier soir on n'entend qu'un cri dans toutes les rues de Tours ; ce cri est celui-ci : *le Memorandum de M. Thiers.*

» Je me suis empressé de l'acheter et de le lire.

» A l'heure où vous recevrez cette lettre, il vous sera certainement parvenu et vous l'aurez déjà publié.

» Aurez-vous remarqué comme ce document historico-diplomatique nous donne raison? Je dis *nous*, car dès le 4 septembre *toute* la rédaction de la *Liberté*, vous en tête, s'associait résolument à ma pensée, et proclamait solennellement dans un numéro spécial, qui paraissait avant neuf heures du matin[1], conséquemment quatre heures avant la séance du Corps législatif, qu'il n'y avait qu'un seul parti à prendre, c'était de faire revivre immédiatement de droit et de fait, la Constitution du 4 novembre 1848, laquelle impliquait :

» Premièrement, le remplacement de l'Empire déchu par la République vengée ;

» L'élection les dimanche et lundi 18 et 19 septembre du président de la République ;

» La nomination, les dimanche et lundi suivants, de l'Assemblée législative.

[1] Voir à l'*Appendice* lettre C, page 133.

» Funeste titre que ce pléonasme : *Gouvernement de la défense nationale!* Il aura coûté bien cher à la France.

» Qui dit gouvernement d'une nation, dit nécessairement et avant tout défense de cette nation. Donc, n'en déplaise à M. Henri Rochefort, qui l'a proposé et fait adopter, ce titre surabondant était un pléonasme.

» Avec un président de la République et une Assemblée législative, élus sans aucun retard, on fut allé tout de suite au fond de la question, sans avoir besoin de compliquer la demande d'une courte suspension d'armes par l'exigence d'un ravitaillement sans équivalent militaire.

» Gouvernement français, régulièrement renouvelé et gouvernement prussien eussent, réciproquement, su à quoi s'en tenir l'un à l'égard de l'autre.

» Après la capitulation de Sedan, dont l'écrasante responsabilité retombait toute entière sur l'Empire, de deux choses l'une : ou le gouvernement français eut subi, ou il eut rejeté les conditions du gouvernement prussien.

» Dans le premier cas, c'était la paix subie, inscrite au compte de l'Empereur Napoléon III et de sa dynastie;

» Dans le second cas, c'était la guerre à outrance, poussée jusqu'au dernier homme et jusqu'au dernier écu, mais la guerre proclamée par la majorité du pays tout entier consulté.

» Avec mon habitude de simplifier toutes choses, avec mon esprit essentiellement simplificateur, je ne comprends pas, je l'avoue, la marche que s'est tracée M. Thiers en ces termes que je reproduis textuellement :

» 1° Principe de l'armistice, ayant pour but essentiel d'arrêter l'effusion du sang et de fournir à la France le moyen de constituer un gouvernement reposant sur le vœu *exprimé* de la nation;

» 2° Durée de cet armistice, motivée par les délais qu'entraîne la formation d'une Assemblée souveraine;

» 3° Liberté des élections, pleinement assurée dans les provinces actuellement occupées par les troupes prussiennes;

» 4° Conduite des armées belligérantes pendant l'interruption des hostilités;

» 5° Enfin ravitaillement des places assiégées, et spécialement de Paris, pendant la durée de l'armistice.

» Pourquoi un armistice?

» Pourquoi ne pas se mettre tout de suite d'accord sur les conditions de la paix?

» On sait, à n'en pouvoir plus douter, que le gouvernement prussien, à moins qu'une coalition improbable ne se forme contre lui, exigera qu'avant tout le vaincu admette en principe une diminution territoriale sur la rive méridionale du Rhin, équivalente à l'augmentation territoriale de 1860 sur le versant septentrional des Alpes. Les déclarations réitérées de M. le comte de Bismark ont été invariables sur ce point et aussi expresses que possible.

» Si la France est irrévocablement décidée à périr tout entière plutôt que de consentir à l'abandon de l'Alsace et de la Lorraine allemande, de Strasbourg et de Metz, je le répète, pourquoi un armistice de 25 jours? Est-ce qu'à l'expiration de ce délai, qui n'aura servi qu'à prolonger les angoisses de l'attente, les deux parties belligérantes ne se retrouveront pas, l'une aux prises avec la même exigence opiniâtre, l'autre aux prises avec la même résistance inflexible?

» — Cela est vrai, mais une Assemblée constituante aura été nommée!

» — Alors, vous qui me faites cette réponse, vous pensez donc que l'Assemblée constituante à élire serait moins intraitable que M. Jules Favre, ministre des affaires étrangères du Gouvernement de la défense nationale, et que ce qu'il a repoussé avec indignation elle l'accepterait avec résignation! oui, c'est là ce que vous pensez, car si vous ne le pensiez point, la négociation entreprise par M. Thiers ne s'expliquerait pas, ne se justifierait pas, elle ne serait pas sérieuse. Elle aurait été du temps uniquement employé à bercer une nation dans une illusion de vingt-cinq jours.

» M. Thiers détaille ainsi le compte de ces 25 jours demandés :

» Pour que les électeurs puissent se concerter et arrêter leurs choix	12 jours.
» Pour voter.	1 —
» Pour que les candidats élus aient le temps de se réunir	5 —
» Pour la verification sommaire des pouvoirs et la constitution de la future Assemblée nationale.	7 —
Total.	25 jours.

» Mais si M. Thiers se trompait dans ce compte ; si le débat sur la forme et la part à attribuer au pouvoir exécutif passionnait les esprits et donnait lieu à de longs et véhéments discours qui mettraient aux prises les Irréconciliables qui n'ont jamais voulu prêter serment avec les Irréconciliables assermentés, M. Ledru-Rollin avec M. Jules Favre, M. Louis Blanc avec M. Thiers, auteurs l'un et l'autre d'une *histoire de la révolution française,* M. Victor Hugo avec M. Ernest Picard, etc., qu'arriverait-il? A quelles conditions un supplément d'armistice s'obtiendrait-il ? L'obtiendrait-on ?

» M. Thiers s'est-il posé cette question infiniment délicate? Pour qu'il eût omis de se la poser, il faudrait qu'il eut oublié que l'élaboration de la Constitution du 4 novembre 1848 a duré six mois.

» Si la négociation d'un armistice avec ou sans équivalent militaire, et la nomination d'une Assemblée constituante, ne nous ont jamais comptés, ni vous ni moi, au nombre de leurs aveugles adhérents, c'est que nous en avons toujours vu les difficultés si réelles, si profondes, que toute l'habileté de M. Thiers a été impuissante à les surmonter. Son habileté, son autorité, son expérience, sa souplesse, sa persistance, eussent-elles été plus grandes encore, qu'elles n'eussent pas mieux réussi.

» C'est parce que j'avais bien prévu et pesé ces difficultés insurmontables, qu'en quittant le jeudi matin, 8 septembre, M. le général Trochu, j'étais allé chez M. Thiers lui soumettre mon projet de décret tendant, premièrement, à faire revivre la Constitution du 4 novembre 1848; deuxièmement, à faire élire, les 18 et 19 septembre, un président de la République; troisièmement, à faire nommer, les 25 et 26 septembre, une Assemblée législative. Je sautais ainsi par dessus les débats les plus irritants, ceux d'une Constitution qui met à l'ordre du jour toutes les compétitions de personnes, sous le masque de questions de principes.

» Si j'insiste à outrance, comme je le fais mon cher ami, sur l'adoption de la proposition que la *Liberté* s'est appropriée le dimanche matin 4 septembre, c'est qu'il n'y a plus que cette solution qui reste debout; et, bien que soixante-douze jours se soient écoulés du 4 septembre au 16 novembre, il resterait encore le temps de la convertir en bill d'indemnité des usurpations de pouvoir et des fautes de logique commises par le gouvernement à deux têtes de Paris et de Tours.

» Il n'est pas encore trop tard.

» Tout à vous,

» ÉMILE DE GIRARDIN. »

APPENDICE

APPENDICE

(A) Extrait de la Défense nationale de Limoges

LE MERCREDI 14 SEPTEMBRE 1870

La réunion publique tenue hier soir, dans la salle des chambres syndicales, rue Palvézy, sous la présidence du citoyen Paul David, garde mobile, a été signalée par quelques décisions importantes de l'assemblée.

A l'unanimité, après avoir entendu les arguments fournis par les citoyens-orateurs Laviolette, Blémond, Thuillat, Tarraud, Pérout-Malinvaud et Emile Madoulé, sur les diverses questions agitées, l'assemblée a pris les résolutions suivantes :

1° Abrogation de la loi électorale de 1849 pour revenir à celle de 1848. On procédera au vote dans le canton au lieu de la commune. Le bulletin sera mis dans une des enveloppes, prises à la porte de la salle;

2° On décide qu'une demande sera faite au gouvernement provisoire, pour qu'il destitue tous les maires nommés par le gouvernement déchu;

3° Un blâme public est infligé au général commandant la division militaire de Limoges, pour son ordre du jour à la mobile et à l'armée active, interdisant aux soldats de se mêler au peuple dans les réunions publiques;

4° L'assemblée proteste énergiquement contre la présence, à Limoges, du citoyen Emile de Girardin, qu'elle accuse d'avoir déserté Paris en présence du danger.

(B) DES DESTINÉES MEILLEURES

Paris, jeudi, 28 février 1867.

De tout le discours de M. le ministre d'Etat prononcé dans la séance du 26 février, après l'interpellation de M. Jules Favre et avant la déclaration de M. Emile Olivier, il ne restera dans la mémoire des lecteurs que ces trois lignes, éloquentes peut-être, mais imprudentes certainement :

« *Nous avons conduit le pays, graduellement et chaque année à des* DESTINÉES MEILLEURES. »

Imprudentes, en effet, car ces trois lignes provocatrices appellent forcément la comparaison entre le présent et le passé.

Interrogeons d'abord l'extérieur.

Territorialement, la France, sous le second empire, s'est augmentée de trois départements :

Alpes-Maritimes, population.	195,000 hab.
Savoie.	275,000
Haute-Savoie.	268,000
Total.	738,000 hab.

Mais à quel prix?

D'abord au prix de l'emprunt de 500 millions contracté en 1869 au cours de 60 fr. 50 cent.;

Ensuite au prix de tout le sang français qui a été versé pour défendre les Italiens contre les Autrichiens;

Puis au prix de l'unification de l'Italie;

Puis encore au prix de l'unification de l'Allemagne;

Puis enfin, au prix de ce que nous coûtera une réorganisation de l'armée astreignant au service militaire tous les Français valides, tous, c'est-à-dire 160,000 appelés par an au moins, au lieu de 80,000 au plus, ce qui était le chiffre du contingent annuel avant 1852.

De quelles destinées meilleures, de quelle influence plus grande dans le monde la France est-elle redevable à l'expédition du Mexique, qui nous a coûté depuis 1862 tant d'hommes robustes arrachés à la charrue et à l'atelier, tant d'argent indispensable détourné de son cours ?

Quels poids ont pesé en 1863, dans les balances du prince Gortschakoff, les innombrables dépêches de M. Drouyn de Lhuys ? Est-il une seule rigueur qu'elles aient épargnée aux malheureux Polonais, abusés par de cruelles illusions ?

Quels avantages avons-nous tirés de nos victoires remportées sur les Russes en compagnie des Anglais et des Piémontais ? De nos victoires remportées sur les Autrichiens en compagnie des Italiens ? De la bataille de Sadowa, que nous avons laissé livrer et gagner aux Prussiens, ayant, de notre assentiment, les Italiens pour auxiliaire ? En avons-nous tiré au moins l'avantage d'une alliance indissoluble entre la Prusse, l'Italie et la France, ces trois puissances formant un faisceau de cent millions d'habitants, c'est-à-dire disposant d'une force si considérable, que rien ne soit possible sans elle ni contre elle ?

A défaut de cette alliance, si elle nous manquait, ou si nous la repoussions, quels alliés aurions-nous ?

Quel est présentement notre rôle en Orient, entre la Russie que nous avons combattue, et la Turquie, que nous avons défendue, de 1854 jusqu'en 1856 ?

En retour de tous nos sacrifices, qu'elles compensations nous sont offertes et peuvent nous être données ?

Maintenant, interrogeons l'intérieur.

Moralement, la France, sous le second empire, hormis l'impunité des grèves, n'a rien gagné, absolument rien. Ce qui, la veille du 2 décembre 1851, était liberté, n'a plus été le lendemain que tolérance ; ce qui était droit n'a plus été qu'autorisation, et les autorisations les plus insignifiantes ont été refusées, alors même qu'il ne s'agissait que de simples conférences littéraires.

Mesurée à l'échelle de la liberté comparée, la France est de beaucoup au-dessous de l'Allemagne, de l'Angleterre, de la Belgique, de la Hollande, de l'Italie, du Portugal et de la Suisse; il n'y a en Europe au-dessous de la France que l'Espagne.

Quels sont donc les faits, quels sont donc les actes, quelles sont donc les lois qui autorisent M. le ministre d'Etat à se glorifier d'avoir conduit « *le pays graduellement et chaque année à des destinées meilleures?* »

Infructueuses sont restées nos recherches pour les découvrir.

Ce n'est pas à nous que notre ancien collègue à l'Assemblée législative, M. Rouher, entreprendrait de dire sérieusement que le coup d'Etat du 2 décembre a sauvé la France de l'anarchie; car s'il nous tenait ce langage, contraire à la vérité, nous lui répondrions en replaçant sous ses yeux ces paroles du président de la République prononcées à l'Hôtel-de-Ville le 10 décembre 1850 : « Aujourd'hui, je le reconnais avec bonheur, » le calme est revenu dans les esprits; LES DANGERS » qui existaient, il y a deux années, ONT DISPARU, et, » malgré l'incertitude des choses, on compte sur » l'avenir, parce qu'*on sait que si des modifications* » *doivent avoir lieu*, ELLES S'ACCOMPLIRONT SANS TROU- » BLE. »

Et si ces paroles ne suffisaient point, nous y ajouterions encore celles-ci, adressées six jours avant le coup d'Etat, le 25 novembre 1851, aux exposants français à l'exposition universelle de Londres, dans la salle du Cirque, à Paris : « Avant de nous séparer, messieurs, » permettez-moi de vous encourager à de nouveaux » travaux. *Entreprenez-les* SANS CRAINTE ; ils empêche- » ront le chômage cet hiver. NE REDOUTEZ PAS L'AVE- » NIR. LA TRANQUILLITÉ SERA MAINTENUE QUOI QU'IL » ARRIVE. »

Lorsqu'il s'exprimait ainsi, le 25 novembre 1851, lorsqu'il encourageait ainsi l'industrie et le commerce de Paris à entreprendre de nouveaux travaux; lorsqu'il leur disait de ne pas redouter l'avenir; lorsqu'il leur déclarait que, quoi qu'il arrivât, la tranquillité serait maintenue, le président de la République était dans le vrai; en effet, aucun danger, aucun désordre n'étaient à redouter, car l'Elu du 10 décembre ayant le commandement de l'armée, avait entre les mains des forces militaires plus que suffisantes pour rétablir instantanément la tranquillité si elle était troublée, et réprimer énergiquement toute tentative d'émeute qui eût éclaté. Mais, est-ce qu'il y avait à craindre qu'il en éclatât aucune? Est-ce que du 13 juin 1849 au 1er décembre 1851 l'ordre matériel le plus complet n'avait pas cessé de régner? Malgré la loi de provocation du 31 mai 1850, qui, sans motif et sans droit, avait rayé par un vote trois millions d'électeurs sur neuf millions, un électeur sur trois électeurs, est-ce que toutes les élections partielles, à Paris et ailleurs, n'avaient pas eu lieu successivement sans le plus léger trouble! Est-ce que de bonne foi et sérieusement le dépositaire du pouvoir exécutif avait à redouter qu'il fût porté la plus légère atteinte à l'inviolabilité de son dépôt et à la sûreté de sa personne par le pouvoir législatif? Si l'un des deux pouvoirs était menacé par l'autre, ainsi que l'ont prouvé les événements accomplis, est-ce que ce n'était pas le plus faible? est-ce que ce n'était pas celui qui n'avait dans les mains que les bulletins qu'il déposait dans l'urne du scrutin?

En novembre 1851, cela est vrai, il y avait rivalité entre les deux pouvoirs, issus l'un et l'autre de la Constitution républicaine et du suffrage universel, mais il n'y avait rien de plus ; il n'y avait ni anarchie ni danger d'anarchie : voilà ce qu'en toute occasion et uniquement, afin de rendre hommage à la vérité, nous n'avons cessé de soutenir contre tous ceux qui l'altéraient, les uns sciemment, les autres niaisement! voilà ce que, d'accord avec elle, l'histoire écrira!

Oui, d'accord avec la vérité ; car si le président de la République avait entre les mains des forces assez considérables pour maintenir l'ordre, le jour où il déchirait la Constitution qu'il avait juré de maintenir, n'est-ce pas la preuve manifeste que, hormis de lui, elle n'avait absolument rien à craindre ! Qui l'eût attaquée? Qui eût osé l'attaquer contre lui, lui la défendant, lui d'autant plus invincible qu'il eût eu plus de respect pour elle?

Non avec ou sans la révision, il n'y avait donc absolument rien à redouter pour le maintien de la Constitution, pour la durée de la République, pour la conservation de la liberté et la continuation de l'ordre. Les deux élections de mai 1852, celles de l'Assemblée législative et celle du président de la République, se fussent accomplies aussi paisiblement que l'élection du 10 décembre 1848, où, quoique la liberté de la presse et la liberté de réunion fussent à cette époque sans aucune limite légale, et régnassent dans leur plénitude, il n'y eut nulle part, ni dans aucune ville, ni dans aucune commune, un seul acte, un seul qui fit ombre au suffrage universel.

Si dans tout ce qui précède il n'y a pas un seul mot qui ne défie hautement la contradiction, que faut-il donc penser du pompeux éloge que M. le ministre d'Etat s'est solennellement décerné, et contre la justesse duquel nous protestons de toute l'énergique exactitude de nos souvenirs?

Non, il n'est pas vrai qu'entre ses mains le pays ait été conduit graduellement et chaque année à des destinées meilleures.

La France n'est pas plus puissante qu'en février 1851 ; est-elle plus libre ?

A-t-il dépendu d'elle d'empêcher les irréparables fautes qui ont été commises ? Et si de nouvelles fautes devaient les aggraver, quels moyens aurait-elle de jeter dans la balance le poids de son opinion?

(C) Programme publié le dimanche 4 septembre 1870 à 9 heures du matin, dans le journal la LIBERTÉ

Cette nuit, à une heure et demie, ce cri de la rue : *Déchéance*, a été traduit en proposition déposée par M. Jules Favre sur la tribune du Corps législatif, qui avait été convoqué pour recevoir communication de la capitulation de notre armée et de la captivité de l'Empereur, fait prisonnier à Sedan et conduit en cette qualité dans une forteresse prussienne.

Si, à midi, la proposition de M. Jules Favre, contre laquelle, à la lecture, il ne s'est élevé qu'une seule voix, celle de M. Pinard, est adoptée, le gouvernement de la France passera des mains de l'Impératrice-régente dans celles d'une commission composée de membres du Corps législatif élus par lui.

Quels seront les membres qu'élira la majorité qui a pour origine les candidatures officielles?

Quel sera, dans ce cas, le rôle du Sénat?

Quelle valeur conservera la Constitution du 14 janvier 1852, remise à neuf le 8 mai 1870?

La proposition de M. Jules Favre et de ses amis est une transition et n'est pas une solution.

Elle ne répond pas aux exigences impérieuses de la situation la plus difficile et la plus délicate qu'ait jamais eu à enregistrer l'histoire.

Lorsque le sol national est envahi par une armée étrangère de huit cent mille hommes, et que l'Etat n'a plus de chef, ce qu'il faut, ce que la nécessité exige, ce n'est pas une commission de gouvernement, délibérant autour d'une table couverte d'un tapis vert, c'est l'unité, c'est la dictature.

Mais qui sera le dictateur?

Un seul est possible, le militaire auquel ne saurait être imputée aucune part de l'insuccès qu'il avait prévu et annoncé sans que sa voix ait été écoutée; le militaire dont le nom est dans toutes les bouches.

Ce nom, c'est celui du général Trochu, comme au 25 juin 1848 le nom du général Cavaignac était celui qui tombait de toutes les lèvres.

Ce qu'indiquent à la fois l'inspiration et la réflexion, la prévoyance et l'expérience, c'est la formation d'un gouvernement qui soit immédiatement définitif, qui n'exige l'élection d'aucune Assemblée constituante et qui admette, à titre temporaire, la dictature sans qu'il en soit altéré et sans qu'il y ait à redouter qu'après avoir été le salut, elle soit le péril.

Que l'expérience de l'Espagne serve à la France! Est-il une seule difficulté de gouvernement qu'aient résolue depuis deux ans les hommes qui, pour remplacer sur le trône la reine Isabelle, n'ont trouvé, après avoir frappé vainement à toutes les portes princières, que le lieutenant prussien Hohenzollern ?

Souvenons-nous des tiraillements, des luttes intestines d'influence qui, en 1848, ont paralysé le gouvernement provisoire, l'ont contraint de se transformer en commission exécutive, pour aboutir quelques semaines après à la dictature du général qui avait rétabli l'ordre dans les rues!

Ne faisons pas inconsidérément violence à la nature des choses!

Ce qu'elle indique, ce qu'elle conseille, c'est la rédaction, le dépôt, l'adoption d'une proposition conçue en ces termes :

RÉPUBLIQUE FRANÇAISE

Au nom du Peuple souverain

Considérant en droit qu'une guerre marquée au sceau de l'imprévoyance la plus coupable, et qui devait conséquemment aboutir à l'invasion et à l'occupation du territoire français par l'armée ennemie, a virtuellement dégagé la nation française des liens qui l'attachaient à l'Empire, rétabli par les plébiscites des 21 novembre 1852 et 8 mars 1870, et l'a fait rentrer dans le plein exercice de sa souveraineté;

Considérant en fait que cette invasion et cette occupation ne permettent pas de la consulter immédiatement sur le changement de gouvernement que rend urgent et impérieux la nécessité de chasser l'étranger du sol national;

Considérant enfin que l'Empereur, fait prisonnier, a donné son consentement à une capitulation contre laquelle proteste la nation indignée;

Au nom de la France une et indivisible est adoptée la proposition qui suit :

ARTICLE PREMIER

La Constitution du 14 janvier 1852, révisée le 8 mai 1870, est déclarée nulle et non avenue. La Constitution du 4 novembre 1848, sauf révision ultérieure, selon les formes prescrites, revit tout entière et de plein droit.

En conséquence de la déclaration qui précède, le premier dimanche du mois qui suivra celui où le sol français aura été délivré de l'occupation étrangère, il sera procédé, aux termes du chapitre IV de la Constitution du 4 novembre remise en vigueur, à l'élection de la nouvelle Assemblée législative, et le second dimanche du même mois, aux termes du chapitre V, à l'élection du nouveau président de la République.

Jusqu'au jour où l'Assemblée législative qui sera élue en vertu de la loi électorale du 15 mars 1849, aura déclaré qu'elle est régulièrement constituée et où le président de la République, régulièrement élu, aura été régulièrement proclamé, tous les pouvoirs que leur attribue la Constitution, remise en vigueur, sont conférés au général Trochu, qui leur rendra compte de l'usage qu'il en aura fait à l'expiration ci-dessus fixée de cette dictature, légitimée par la nécessité de sauver l'honneur et l'intégrité de la France.

ART. 2.

Le général Trochu aura le titre de chef du pouvoir exécutif, président du conseil.

En cette qualité, il choisira les ministres qu'il jugera utile de s'adjoindre.

Délibéré en séance publique à Paris, le 4 septembre 1870, au nom de la France envahie.

Le président et les secrétaires
du Corps législatif.

Que cette proposition, prenant la place de celle de M. Jules Favre, soit votée ce matin par le Corps législatif, et ce soir la France, rentrée en pleine possession d'elle-même et pourvue d'un gouvernement régulier, qui a subi l'épreuve des années 1849, 1850 et 1851, aura fait l'économie d'une révolution.

Ayant ainsi assuré par ce grand acte testamentaire, non-seulement l'ordre dans les rues, mais aussi l'ordre dans les esprits, il restera un autre devoir suprême à accomplir aux membres du Corps législatif qui aura cessé d'exister, ce sera de se rendre tous dans leurs départements, afin qu'il n'y ait en France qu'un seul sentiment et qu'un seul cri : Délivrance de l'étranger !

La rédaction unanime de la LIBERTÉ.

(D) DÉFENSE DE PARIS

PRÉFECTURE DE POLICE

L'ennemi étant sur le point d'arriver sous les murs de Paris,

Le préfet de police arrête :

ARTICLE PREMIER.

A partir du jeudi 15 septembre, à six heures du matin, nul ne pourra sortir de Paris ni y entrer sans être muni d'un permis de circulation, délivré par le ministre de l'intérieur.

ART. 2.

Les bois contenus dans les magasins actuels et situés en dedans des fortifications, seront immédiatement transportés et aménagés sur les rives de la Seine.

Le préfet de police,
DE KÉRATRY.

En conséquence de l'avis ci-dessus, j'avais écrit de Limoges, le 13 septembre, à M. de Kératry, pour lui demander un permis de circulation ; voici la réponse qu'il m'adressa de Paris à la date du 15, réponse qui ne me fut remise à Tours que dans la matinée du 16, le jour même où la ligne d'Orléans était coupée :

Paris, le 15 septembre 1870.

« Monsieur,

» Selon les instructions de M. de Kératry, et en réponse à la lettre que vous lui avez adressée, j'ai l'honneur de vous adresser ci-joint un laissez-passer, qui, bien que n'ayant pas une forme officielle, vous permettra sans doute de rentrer à Paris.

» Je dois à cette occasion vous faire observer que le Gouvernement de la défense nationale, abrogeant une décision de la veille, a décidé *hier*, et fait afficher, « qu'il ne serait pas délivré de laissez-passer pour entrer et sortir. » Donc, à l'*heure présente*, aucune permission n'est nécessaire.

Veuillez agréer, etc.

GAUTIER DE NOYELLE,
Secrétaire du Préfet.

Paris, le 15 septembre 1870.

LAISSEZ-PASSER

Le préfet de police invite les autorités civiles et militaires à laisser circuler librement de Limoges à Paris, en passant par Tours, M. Émile de Girardin.

Le chef du cabinet du Préfet de police,
Signature illisible.

(E) Texte des cinq documents cités dans la réponse au comte de Bismark

I

DÉCLARATION DU *Moniteur universel :* 10 FÉVRIER 1859

Quand on ne veut que la justice, on ne craint pas la lumière. Le gouvernement français n'a rien à cacher, parce qu'il est sûr de n'avoir rien à désavouer. L'attitude qu'il a prise dans la question italienne, loin d'autoriser les défiances de l'esprit germanique, doit au contraire lui inspirer la plus grande sécurité. LA FRANCE NE SAURAIT ATTAQUER EN ALLEMAGNE CE QU'ELLE VOUDRAIT SAUVEGARDER EN ITALIE. Sa politique, qui désavoue toutes les ambitions de conquête ne poursuit que les satisfactions et les garanties réclamées par le droit des gens, le bonheur des peuples et l'intérêt de l'Europe. En Allemagne comme en Italie, elle veut que les nationalités reconnues par les traités puissent se maintenir et même se fortifier, parce qu'elle les considère comme une des bases essentielles de l'ordre européen.

REPRÉSENTER LA FRANCE COMME HOSTILE A LA NATIONALITÉ ALLEMANDE N'EST DONC PAS SEULEMENT UNE ERREUR, C'EST UN CONTRE-SENS.

La politique de la France ne saurait avoir deux poids et deux mesures ; elle pèse avec la même équité les intérêts de tous les peuples. Ce qu'elle veut faire respecter en Italie, ELLE SAURA LE RESPECTER ELLE-MÊME EN ALLEMAGNE. *Ce n'est pas nous qui serions menacés par l'exemple d'une* ALLEMAGNE NATIONALE *qui concilierait son organisation fédérative avec les tendances unitaires* dont le principe a été posé déjà dans la grande union commerciale du *Zollverein* ! Tout ce qui développe dans les pays voisins les relations créées par le commerce, par l'industrie, par le progrès, profite à la civilisation et tout ce qui agrandit la civilisation élève la France.

II

DISCOURS D'OUVERTURE DE LA SESSION LÉGISLATIVE 12 janvier 1863.

On se plaît ordinairement à chercher dans les actes des souverains des mobiles cachés et de mystérieuses combinaisons, et cependant ma politique a été bien simple : accroître la prospérité de la France et son ascendant moral, sans abus comme sans affaiblissement du pouvoir remis entre nos mains ; *favoriser dans la mesure du droit et des traités les* ASPIRATIONS LÉGITIMES *des peuples vers un meilleur avenir.*

III

EXTRAIT DE LA DÉPÊCHE LUE PAR LE PRINCE DE LA TOUR-D'AUVERGNE AU COMTE RUSSELL ET ANALYSÉE PAR CE DERNIER DANS SA DÉPÊCHE DU 30 JANVIER 1864 A LORD COWLEY.

L'empereur reconnaît l'importance du traité de Londres comme tendant à préserver la balance des pouvoirs et à maintenir sauve la paix européenne. Mais le gouvernement français tout en payant un juste tribut à la tendance et au but du traité de 1852, est prêt à reconnaître que les circonstances peuvent en réclamer la modification. *L'empereur a toujours été disposé à avoir de grands égards pour les sentiments et les aspirations des nationalités. Il est impossible de nier que le sentiment national et les aspirations des Allemands tendent vers une union plus étroite entre eux et les Allemands du Holstein et du Slesvig.*

L'Empereur éprouverait de la répugnance pour tout moyen qui l'obligerait à s'opposer par les armes aux vœux des Allemands.

Le Slesvig et l'Angleterre sont bien loin l'un de l'autre. Mais *le sol de l'Allemagne touche au sol de la France* et UNE GUERRE ENTRE LA FRANCE ET L'ALLEMAGNE SERAIT LA PLUS CALAMITEUSE ET LA PLUS HASARDÉE QUE L'EMPIRE PUT ENGAGER. Outre ces considérations, l'Empereur ne peut pas s'empêcher de se rappeler qu'il a été rendu en Europe un objet de méfiance et de suspicion quand à SES PRÉTENDUS PROJETS D'AGRANDISSEMENT SUR LE RHIN.

Une guerre commencée sur les frontières du Rhin ne pourrait manquer de donner une plus grande force à ces imputations injustifiables et sans fondement. Par ces raisons, le gouvernement de l'Empereur ne peut prendre aucun engagement au sujet du Danemark. Si, ultérieurement, la balance des pouvoirs vient à être sérieusement menacée, l'Empereur alors pourra se trouver disposé à prendre de nouvelles mesures dans l'intérêt de la France et de l'Europe. Mais pour le moment l'Empereur veut réserver à son gouvernement toute sa liberté d'action.

IV

LETTRE DU 11 JUIN A S. EXC. M. DROUYN DE LHUYS, MINISTRE DES AFFAIRES ÉTRANGÈRES.

Palais des Tuileries, le 11 juin 1866.

« Monsieur le ministre, au moment où semblent s'évanouir
» les espérances de paix que la réunion de la Conférence
» nous avait fait concevoir, il est essentiel d'expliquer, par
» une circulaire aux agents diplomatiques à l'étranger, les
» idées que mon gouvernement se proposait d'apporter dans

» les conseils de l'Europe et la conduite qu'il compte tenir en » présence des évènements qui se préparent.

» Cette communication placera notre politique dans son » véritable jour.

» Si la Conférence avait eu lieu, votre langage, vous le » savez, devait être explicite. *Vous deviez déclarer, en mon » nom, que je repoussais toute idée d'agrandissement terri- » torial tant que l'équilibre européen ne serait pas rompu. » En effet, nous ne pourrions songer à l'extention de nos » frontières que si la carte de l'Europe venait à être modifiée » au profit exclusif d'une grande puissance, et si les provin- » ces limitrophes demandaient, par des vœux librement » exprimés, leur annexion à la France.*

» En dehors de ces circonstances, je crois plus digne de » notre pays de préférer à des acquisitions de territoire le » précieux avantage de vivre en bonne intelligence avec nos » voisins, en respectant leur indépendance et leur nationalité. » Animé de ces sentiments, et n'ayant en vue que le maintien » de la paix, j'avais fait appel à l'Angleterre et à la Russie » pour adresser ensemble aux parties intéressées des paroles » de conciliation.

» L'accord établi entre les puissances neutres restera à lui » seul un gage de sécurité pour l'Europe. Elles avaient mon- » tré leur haute impartialité en prenant la résolution de » restreindre la discussion de la Conférence aux questions » pendantes. Pour les résoudre, je croyais qu'il fallait les » aborder franchement, les dégager du voile diplomatique » qui les couvrait, et prendre en sérieuse considération les » vœux légitimes des souverains et des peuples.

» Le conflit qui s'est élevé a trois causes :

» *La situation géographique de la Prusse mal délimitée;*

» *Le vœu de l'Allemagne demandant une reconstitution » politique plus conforme à ses besoins généraux ;*

» La nécessité pour l'Italie d'assurer son indépendance » nationale.

» Les puissances neutres ne pouvaient vouloir s'immiscer » dans les affaires intérieures des pays étrangers ; néanmoins, » les cours qui ont participé aux actes constitutifs de la Con- » fédération germanique avaient le droit d'examiner si les » changements réclamés n'étaient pas de nature à compro- » mettre l'ordre établi en Europe.

» Nous aurions, en ce qui nous concerne, désiré pour les » États secondaires de la Confédération germanique une union » plus intime, une organisation plus puissante, un rôle plus » important; pour la Prusse, plus de cohérence, d'homogé- » néité et de force dans le Nord; pour l'Autriche, le maintien » de sa grande position en Allemagne. Nous aurions voulu, » en outre, que, moyennant une compensation équitable, » l'Autriche pût céder la Vénétie à l'Italie; car si, de concert » avec la Prusse et sans se préoccuper du traité de 1852, elle » a fait au Danemark une guerre au nom de la nationalité » allemande, il me paraissait juste qu'elle reconnût en Italie » le même principe en complétant l'indépendance de la » Péninsule.

» Telles sont les idées que, dans l'intérêt du repos de l'Eu- » rope, nous aurions essayé de faire prévaloir. Aujourd'hui, » il est à craindre que le sort des armes seul en décide.

» En face de ces éventualités, quelle est l'attitude qui con- » vient à la France? Devons-nous manifester notre déplaisir, » parce que l'Allemagne trouve les traités de 1815 impuis- » sants à satisfaire ses tendances nationales et à maintenir sa » tranquillité?

» Dans la lutte qui est sur le point d'éclater, nous n'avons » que deux intérêts : la conservation de l'équilibre européen, » et le maintien de l'œuvre que nous avons contribué à édifier » en Italie. Mais, pour sauvegarder ces deux intérêts, la force » morale de la France ne suffit-elle pas? Pour que sa parole » soit écoutée, sera-t-elle obligée de tirer l'épée? Je ne le » pense pas.

» Si, malgré nos efforts, les espérances de paix ne se réali- » sent pas, nous sommes néanmoins assurés, par les déclara- » tions des cours engagées dans le conflit, que, quels que » soient les résultats de la guerre, aucune des questions qui » nous touche ne sera résolue sans l'assentiment de la » France.

» Restons donc dans une neutralité attentive, et, forts de » notre désintéressement, animés du désir sincère de voir les » peuples de l'Europe oublier leurs querelles et s'unir dans » un but de civilisation, de liberté et de progrès, demeurons » confiants dans notre droit et calmes dans notre force.

» Sur ce, monsieur le ministre, je prie Dieu qu'il vous ait » en sa sainte garde.

» NAPOLÉON. »

V

BILLET CONFIDENTIEL DU 12 AOUT 1866
A M. DE LA VALETTE

» Mon cher monsieur La Valette,

» J'appelle votre sérieuse attention sur les faits suivants. Dans le cours d'une conversation entre Benedetti et M. Bismark, M. Drouyn de Lhuys a eu l'idée d'envoyer à Berlin un projet de convention au sujet des compensations auxquelles nous pouvons avoir droit.

» Cette convention, dans mon opinion, aurait dû rester secrète ; mais on en a fait du bruit à l'intérieur, et les journaux vont jusqu'à dire que les provinces du Rhin nous ont été refusées.

» Il résulte de ma conversation avec Benedetti que *nous aurions* TOUTE L'ALLEMAGNE *contre nous pour un très*-PETIT BÉNÉFICE.

» Il est important de ne pas laisser l'opinion publique s'égarer sur ce point. Faites contre-dire très-énergiquement ces rumeurs dans les journaux. J'ai écrit dans ce sens à M. Drouyn de Lhuys. Il m'envoie aujourd'hui la *Correspondance Havas* ci-incluse. *Le véritable intérêt de la France n'est pas d'optenir un agrandissement de territoire insignifiant mais d'*AIDER *l'Allemagne à se* CONSTITUER *de la façon la plus favorable à nos intérêts et à ceux de l'Europe.*

» Recevez l'assurance de ma sincère amitié.

» NAPOLÉON. »

(F) LA LOI MILITAIRE DE 1868

Les citations suivantes d'articles qui remontent à janvier 1868 prouvent qu'à cette époque, il y a deux ans, quoique je ne fusse pas militaire, je m'étais exactement rendu compte des bases sur lesquelles les événements de 1866 exigeaient que l'armée française fut réorganisée sans aucun retard, sans aucune demi-mesure :

I

LIBERTÉ — ÉGALITÉ

La loi militaire qui va être votée ne sera ni le service obligatoire comme en Prusse, ni le service volontaire comme en Angleterre ; ce ne sera ni l'égalité ni la liberté.

Était-il donc impossible de les respecter scrupuleusement l'une et l'autre, en faisant à chacune des deux sa part ?

Nous persistons à penser que cela n'était pas absolument impossible, et que les deux régimes, le régime prussien et le régime anglais, pouvaient, ainsi qu'il suit, coexister et fonctionner parallèlement :

LIBERTÉ par la constitution d'une *armée normale* se recrutant comme en 1818, et comme en Angleterre, par l'enrôlement volontaire ;

ÉGALITÉ par la constitution d'une *armée éventuelle*, se composant des Français valides âgés de vingt ans, déclarés TOUS débiteurs envers le drapeau français d'UNE ANNÉE de leur vie, chacun d'eux ayant, à son choix, de 16 à 25 ans, conséquemment neuf ans de délai, pour s'acquitter de sa dette, mais chacun devant s'acquitter personnellement, sans exception, sans tirage au sort, sans exonération militaire.

En cas de guerre défensive, les Français en état de porter un fusil eussent ainsi TOUS su le manier, puisque TOUS, sans exception, l'eussent appris.

La profession militaire fût restée libre, et la dette corporelle eût été intégralement payée.

II

L'ÉGALITÉ DEVANT LA MORT

Quel est le reproche fondé que mérite le recrutement obligatoire combiné avec le remplacement facultatif ? C'est d'être un impôt inégal, pesant lourdement sur le pauvre et le travailleur, et pesant à peine sur le riche et l'oisif.

En se plaçant à la fois au point de vue démocratique de l'opposition et au point de vue militaire du gouvernement, l'un n'excluant pas l'autre, ce que prescrit la logique, ce sont les appels annuels les plus considérables, des appels annuels comprenant TOUS les valides de la classe appelée, avec le temps de service effectif le plus restreint. « Abréger la durée du service, c'est en rendre le poids moins lourd à porter. » Ces paroles de M. le maréchal Niel sont vraies. Donc, logiquement, l'opposition démocratique devrait plutôt proposer d'augmenter le chiffre des appels annuels que de proposer de le réduire.

Le recrutement obligatoire, le servage militaire, étant maintenu, le vrai, le juste, le simple s'exprime ainsi :

Les valides de la classe appelés TOUS sans exception chaque année sous les drapeaux ;

Plus de congés de semestre ;

Des examens annuels qui, attestant le degré d'instruction des soldats, fassent, de préférence et de droit, passer les plus instruits de l'armée active dans la garde nationale mobile. Alors la garde nationale mobile, composée d'hommes à la fois jeunes et TOUS instruits, serait une « vraie citadelle vivante. »

Le budget de la guerre étant voté chaque année par le Corps législatif, il n'y aurait pas à craindre que la *durée légale* du service militaire, restant fixée, comme elle l'est, à neuf ans, la *durée effective* se prolongeât abusivement. Dès que cette durée effective lui paraîtrait excessive, le Corps législatif serait toujours maître de l'abréger, puisqu'il lui suffirait pour cela de réduire le chiffre des crédits demandés.

III

CONCLUSION

C'est vainement qu'on a cherché, sous la monarchie de 1830, les moyens de prévenir les abus inséparables du remplacement militaire, justement qualifié de « *traite des blancs* » par le penseur qui a échangé sa plume de publiciste contre une couronne d'empereur ; c'est vainement qu'on s'efforcera sous son règne d'être plus heureux dans cette recherche. N'est-ce pas de l'impuissance de prévenir les abus du remplacement qu'était née l'exonération, laquelle a donné lieu à d'autres plaintes non moins fondées et plus graves encore, puisque, après avoir passé du remplacement à l'exonération, on est revenu de l'exonération au remplacement ?

Par nature et par essence le remplacement étant un abus, il est aussi naturel qu'il soit fécond en abus qu'il est naturel qu'un grain de blé porte des épis. Ou il faut fermer les yeux sur les abus du remplacement, ou il faut abolir cette traite des blancs non moins radicalement qu'on a aboli la traite des noirs, après qu'il a été reconnu par l'expérience que toutes les mesures qui avaient été imaginées et prescrites pour la rendre moins inhumaine n'avaient abouti qu'à la rendre plus cruelle et plus meurtrière.

Ne réglementez pas le remplacement militaire, supprimez-le !

Le moyen, — l'enrôlement volontaire n'étant pas adopté comme régime unique, — c'est d'étendre les appels jusqu'à la limite de la classe, en restreignant le service effectif à la durée la plus courte, cette durée variant selon le plus ou le moins d'aptitude des appelés, aptitude constatée chaque année par des examens de sortie, dont l'objet serait de faire passer de l'armée active dans la garde mobile tous ceux qui auraient justifié ~~qu'ils~~ possédaient l'instruction militaire jugée suffisante [1].

[1] *La voix dans le désert*, p. 21.

TABLE DES MATIÈRES

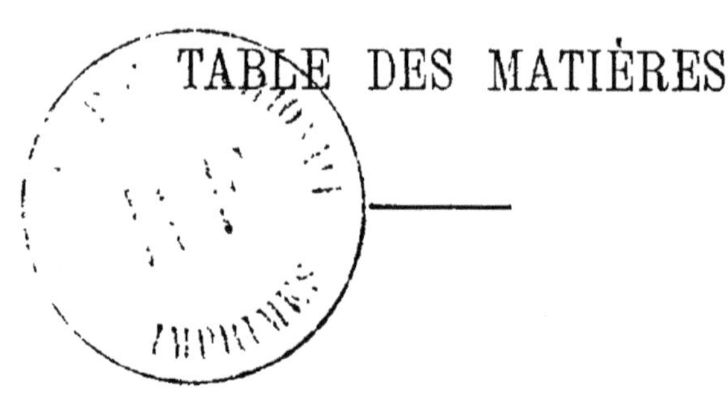

		Pages.
	Introduction	V
18 Septembre 1870.	Appel à la presse des départements	1
29 —	Où est le péril; où serait le salut	4
30 —	Le mot de la situation	9
1er Octobre.	Que fait-on ?	14
	Ce qui manque	17
	La Constitution du 4 novembrre 1848	19
2 —	Adresse des 37,200 communes de France à S. M. le roi de Prusse	21
	La voix dans le désert : I, II et III	24
17 —	Lettres au comte de Bismark : I, II, et III	40
18 —	Le décret du 29 septembre 1870	73
19 —	Réorganisation démocratique de l'armée française	74
20 —	Lettre au rédacteur de la *Gazette de France*	80
27 —	Ni réaction, ni exclusion	82
28 —	La guerre à outrance	85
30 —	Une année d'héroïsme	88
9 Novembre	Lettre à M. Léon Gambetta	96
11 —	L'ancre de salut	99
12 —	Les conséquences d'une inconséquence	101
13 —	L'Election hypothétique : I, II et III	106
15 —	L'aveu de lord Granville	112
16 —	Le Memorandum de M. Thiers	119

APPENDICE

Pages.

(A) Extrait du journal la *Défense Nationale*, de Limoges. . 127

(B) *Des Destinées meilleures*, article condamné le 6 mars 1867. 128

(C) Programme publié dans la *Liberté*, le dimanche 4 septembre 1870, à neuf heures du matin. 133

(D) Défense de Paris.— Laissez passer Kératry, 15 septembre 1870 136

(E) Texte des cinq documents cités dans la réponse du comte de Bismark 137

(F) La loi militaire de 1868 142

Bordeaux. — Imprimerie centrale A. de Lanefranque, rue Permentade, 23-25.

www.ingramcontent.com/pod-product-compliance
Ingram Content Group UK Ltd.
Pitfield, Milton Keynes, MK11 3LW, UK
UKHW012222240726
13966UKWH00003B/898

9 782011 748270